U0128188

希臘神話故事
作為生命指引的路標

江蘭貞 著

Greek mythology
as a signpost for life guidance

希臘神話故事作為生命指引的路標

國家圖書館出版品預行編目（CIP）資料

希臘神話故事作為生命指引的路標 ＝ Greek
mythology as a signpost for life guidance／
江蘭貞著. -- 初版. -- 高雄市 :高雄復文
圖書出版社 ， 2023.01
　　面 ； 公分
ISBN 978-986-376-254-6 (平裝)

1.CST: 希臘神話 2.CST:生命教育

284.95　　　　　　　　　　　111022159

著者・ 江蘭貞

發行人・ 蘇清足

總編輯・ 蔡國彬

出版者・ 高雄復文圖書出版社

地址・ 802019高雄市苓雅區五福一路57號2樓之2

TEL・ 07-2265267

FAX・ 07-2233073

劃撥帳號・ 41299514

購書專線・ 07-2265267轉分機236、237

臺北分公司・ 100003臺北市中正區重慶南路一段57號10樓之12

TEL・ 02-29229075

FAX・ 02-29220464

法律顧問・ 林廷隆律師

TEL・ 02-29658212

ISBN 978-986-376-254-6　初版一刷　2023 年 1 月　初版二刷　2023 年 4 月

定價・250 元（平裝）　　　　　　　　　

行政院新聞局出版事業登記證局版台業字第 1804 號
本書如有破損、缺頁或倒裝，請寄回更換。

http://www.liwen.com.tw E-mail:liwen@liwen.com.tw

推薦序

　　古希臘神話是西方文明之起源，欲瞭解西方世界，需先理解希臘神話！基於這緣故，自從我從德國留學完成學業歸國後，便開始在最基本的哲學課程如哲學概論，宗教哲學或柏拉圖哲學先從希臘神話談起。不論是著名的荷馬兩大史詩，荷西歐德的神譜，或者是關於 Eros 神話之生成發展等，當然作為進入西方哲學殿堂之門，也會一方面以希臘神話之歷史文化脈絡以及其所產生的西方文明原創效應為背景，另一方面則析論希臘神話與希臘哲學起源之同異、結構乃至辯證關係。不過我自己除在《西洋哲學導論—哲思核心理念生成發展史》一書中稍微揭示此種文化與義理脈絡外，一直未能特就希臘神話本身書寫專書。今見蘭貞能完成一本這樣的專著，而且青出於藍，實在不止是欣慰而已，更是感動！

　　西方思潮自從在神學與宗教研究、特別是聖經科學方面開始流行疑古之風而盛行歷史批判派之方法以來，不只是基督宗教的聖經，就連大家公認本是神話者如希臘神話也被嚴厲地審視與批判。從古典的荷馬非原作者說於近代古典語文學之重塑，到聶思特（Wilhelm Nestle）所謂從神

話到羅格思（Vom Mythos zum Logos）之文化思想史解讀乃至解構，從韋伯（Max Weber）之解除世界魔咒化（Entzauberung der Welt）到布特曼（Rudolf Bultmann）解神話化（Entmythologisierung）等，神話變成虛構與迷思（Myth）的代名詞。直到海德格之存有哲思開始轉向詩與傳說等真理即開顯即遮蔽之語言，神話才又有重新被體認的機緣。這也許是本書之標題《希臘神話故事作為生命指引的路標》中「路標」一詞所隱含的海德格密碼。

　　首先本書在第一章中讓讀者驚奇地發現希臘神話即使在現代人的日常生活中亦即運動、文學乃至建築等仍無所不在的魅力，而這竟然可以弔詭地回溯到使西方脫離中世紀而進入近代的文藝復興。接著在第二章中呈現神話在哲學向度，心理學向度與詮釋學向度中的重生。這當然是因為不論是卡謬（Albert Camus）存在主義，呂格爾（Paul Ricoeur）詮釋學哲學或容格（C.G.Jung）之深層解析心理學乃至伊李雅德（Mircea Eliade）宗教現象甚至如坎伯（Joseph Campbell）本身的神話學等當代更具思想原創力與生命影響力的思潮中，神話以均各種不同方式復活！而這也形成本書比較理論性的前半部份之精華。然後從第三章起本書帶領我們進入神話更迷人的國度，亦即在個人存在生命意義，價值與目的等終極關懷問題中，神話所具有的生命抉擇與改變命運之動機，而這便透過源自坎伯與容格所揭示，英雄神話之原型所隱喻的人生旅程。在此我認為有趣的是，神話並未將人類實然歷史上所推崇的勝者為

王者如阿加曼農（Agamemnon）者當成英雄版本，反而是凸顯悲劇英雄典型如阿基里斯（Achilles）或赫克托（Hektor），更具文明創造意義的是如《奧德賽》（*Odýsseia*）中的獨一英雄 Odysseus 既非前者亦非後者，而是一種能開創文明的英雄典範：他因為愛妻子所代表的家庭而在歷經各種劫難與誘惑仍歸回家園。這是否暗示：真正的英雄是愛的化身？

這便可帶至第四章轉向人生另一（更）重大主題：愛。我個人認為這一章也是本書最精彩迷人的一章，不只是因為其主題，更是因為作者在本章中精心巧筆將柏拉圖《饗宴》中藉由阿里斯托芬（Aristophanes）所原創的反諷神話及蘇格拉底所揭示 Diotima 之 Eros 神話，《變形記》中關於納西瑟斯（Narcissus）自戀神話，然後將「尋找金羊毛」與「美狄亞」（Medea）整合成恐怖情人之神話類型，便筆鋒一轉，以康德（Immanuel Kant）《道德形上學》關於愛之義務的三種區分來詮解乃至重詮美狄亞神話，最後又轉向最著名的愛魔與琵瑟（Amor & Psyche，本書依英文慣例譯為丘比特與賽姬）之神話，指出愛情不容懷疑之本質。本書藉著對於這些關於愛情神話進行生命哲學詮釋，亦即當代人仍能經由神話詮釋之啟發面對愛所緣生的基本人生問題。如此第三章關於英雄自我人生道路之發展歷程與第四章透過愛他人完整自己之過程形成一種生命哲思之辯證關係，而這又可引發讀者更多關於人生之省思與想像！這是一本雅俗共賞，值得所有對生命之意義，價值與目的有

疑惑者一讀再讀的佳作！我願誠摯推薦之！

中央大學哲學研究所特聘教授

陸敬忠

民國 112 年 3 月 25 日

詮釋學與文化際哲學研究中心

推薦序

弗雷澤（James George Frazer）在人類學巨擘《金枝》（The Golden Bough: A Study in Magic and Religion）書中說到：「巫術、宗教和科學都不過是思想的論說。科學取代了在它之前的巫術與宗教，今後它本身也可能被更加圓滿的傳說所更替……」然而在科學時代中，巫術、宗教的思維方式卻沒有消失，只是以不同的面貌存在。同樣作為人類起源的神話模因（meme），自我創出不同時空下的文化化身（avatar），神話不死，也從未凋零。

究天人之際

誠如本書所言：「古希臘神話其實總是我們對自身與世界種種象徵性理解，從而投射至神所代表的意義。」人類的解謎活動，從神秘主義、經驗主義、到理性主義方興未艾，只要科學一天沒有辦法完全解答「為何而來、為何而去、生亦何歡、死亦何哀」、「人類在這宇宙中到底具有何種特殊的意義和存在」這些「人、天、物、我、愛、恨、情、仇」的終極謎題，神話與宗教的思維就仍然會存在。

　　這也是本書作者所要表達的重要觀點：「為何神話可以歷經千年仍舊被保留下來，……這些新詮釋實就是每個人自我對於生命困境與抉擇的新開解，神話因此乃得以在此續傳之中有了新生命，……」。我們並非神話的局外人，而是人人都在「究天人之際」的道路上。

通古今之變

　　神話除了安頓身心、立命安生的影響之外，歷經千年的變異與延異，作者從生活當中例舉奧林匹克運動會的濫觴（運動）、荷馬史詩與希臘神話的淵源（文學）、文藝復興的再生與希臘神話藝術（繪畫）。此外，在哲學、心理學、語言文字、星象、建築、雕塑，乃至於現代電影、廣告、動漫手游……在在演示了希臘神話故事的影響與召喚遠比我們想像的更為重要。

　　希臘神話、基督教文明、工業革命乃至於科學的發展，這一脈絡的現代化、全球化歷史圖譜，希臘神話可說是其重要基礎，本書以最少的章節，處理了希臘神話故事上下幾千年，東西幾萬里的議題，可謂是「究天人之際，通古今之變」。

　　如果學界對通識教育（或通識課程）的最高評價是「究天人之際，通古今之變」，則本書正是通識課程（用書）的上乘之選，既深富跨領域知識乘載，又符合通識教育先進黃俊傑教授一再倡議的「基本性、主體性、多元性、整合性、貫通性、思考性」指標。

博觀而薄發

本書作者江蘭貞博士，從護理專業到生死學研究，繼而鑽研哲學，實務與理論兼具，博觀而約取，厚積而薄發，擔任第一線通識教師多年，熟稔大專校院通識教育生態，累積豐富的研究和教學經驗，特撰本書，既可做為教材、延伸閱讀之外，更適合自學自讀之用。

好友囑我為文推薦，然個人才疏學淺，深恐惴惴，僅敢以隻字片語向本書作者致上十二萬分敬意。

弘光科技大學通識教育中心主任

閔宇經

序言

|神話故事的力量|

回想以前讀希臘神話故事時，覺得宙斯為何不好好待在天庭裡，沒事總愛到人間招惹美女，被天后赫拉發現後，又想要湮滅證據，不管宙斯、波賽頓、黑地斯，或其他神無聊時或發怒時，就老愛捉弄人類。其實，希臘神話的特徵就是神人同形同性，希臘人是以多神崇拜形式之神話故事建構其世界觀，而將自然運行現象與社會活動賦予解釋。在英雄神話故事中，英雄都具有超乎想像能力，當面對極度危險情境，總能展現英勇無敵行為而破關斬將。神也具有人的欺騙、虛榮、忌妒、復仇等特質，如果人類不小心觸怒神就會得到懲罰。然而也有些神會照顧並幫助人類，例如；從天庭盜火給人類的普羅米修斯（Prometheus），便是因此惹毛了宙斯，而被綁在高加索山，每日的白天被老鷹啄食肝臟，到了夜晚則肝臟重新長好，隔天又再被老鷹啄食，日復一日承受永無止盡痛苦。後來，另一位英雄海克力士（Hercules）經過此處射殺了老鷹，普羅米修斯再告訴宙斯一個關於其將來命運之秘

密，宙斯才決定放過他。

　　上述這則希臘神話故事，對許多人來說應該不陌生。當我們隨著年歲成長，有些故事似乎在生命裡發酵，當經歷某生命情境時便浮現出來，對該處境跳脫以是非對錯、理性邏輯面對，反能以某種更深刻感受，生出力量來面對生命當下課題，這也就是我撰寫本書之初衷。

　　以普羅米修斯故事為例，其可以帶給生命怎樣的力量呢？普羅米修斯（Prometheus）的古希臘語（Προμηθεύς）本是「先見之明」意思，他是眾神中獨具此能力者，因此他知道自己行為必會觸怒宙斯，也定會受到懲罰。然而，他依舊展現憐憫之心幫助人類，其讓我們看到凡是他認定是對的、善的事情，即使會為自己招來不幸，仍舊以堅定決心非做不可，普羅米修斯在盜火過程，展現出其機智與仁慈之心幫助弱小無助人類；在事後，又勇敢接受懲罰所帶來巨大痛苦，讓我們在內心中油然升起欽佩之心，他的慈悲與承擔風範在我們心中留下烙印，豐富了我們人格內涵。

　　另一著名神話故事，薛西佛斯（Sisyphus）被諸神懲罰，每天晝夜不休推著巨石上山，但每當巨石推上山後，立即又滾落下山，諸神們覺得這般徒勞無功而絕望的苦役，是對薛西佛斯最可怕的懲罰。然而，此悲慘故事，在上世紀被阿爾貝‧卡繆（Albert Camus, 1913-1960）從存在主義角度給出了鼓舞人心詮釋，卡繆相信薛西佛斯實乃是荒謬的主人翁。當我們感到人生荒謬，不再對未來抱持希

望時，卡謬所著《薛西佛斯的神話》給這個神話賦予了新的生命，在充滿荒謬感的人生道路上指引了一個路標，從薛西佛斯經歷中而體悟到人面對荒謬，其實乃是可以從中獲得尊嚴與意義，並可因而創造自我之價值。

神話故事總是可以帶給我們對世界與自身有某種新的領悟：世界運作方式與生命中會發生什麼樣的事，實非我們能全然理解與掌握，恰似人的背後總有諸神在操弄，以及縱使是眾神也逃躲不開命運的神話故事基本架構。神話故事灌輸我們養分，如同樹木根部源源不絕滋養著枝幹與葉子，在人生某個受困時刻給出一道光亮，對自己人生之困惑與不解，有了全新理解，從自我本然無知蒙昧的狀態，終於開啟眼目有了初回看見，並且也療癒了自我心靈受創傷痛。這也就是為何神話可以歷經千年仍舊被保留下來，千年前的神話故事絕非文字化石般僵化固定版本，神話歷經時間長河而被世世代代保存傳誦，每個說者或是聽者，實亦皆可依據個人想法而增刪或修改故事內容，這些新詮解實就是每個人自我對於生命困境與抉擇的新開解，神話因此乃得以在此續傳之中有了新生命，而在不同時代都有創新的可能。

以上背景為撰寫本書的出發點。在緒論中聆聽神話故事之召喚，感受神話以不同於科學方式解釋世界起源。當想起坐在天庭裡的神，個個與我們一樣具有七情六慾，一點都不讓人畏懼，這是希臘神話與其他民族神話最大區別。

　　第一章闡述在日常生活當中與希臘神話有關的面向，當我們觀看世界各國頂尖運動員在奧運會上展現身體的力與美時，乃從古希臘並一直延續至西方之美感角度觀看身體。在文學領域，荷馬史詩與希臘悲劇奠定了不可動搖地位，西方社會甚至流傳一種說法：分辨一個人是文明人還是野蠻人，取決於他會不會欣賞悲劇，故其不僅只是做為娛樂而已，更具有文化薰陶意義。西方在歷經中世紀千年桎梏之後，義大利文藝復興讓人重新憶起古希臘人文、藝術、建築與哲學，而讓古希臘文明能再次重生。及至於現代生活，其中咖啡、運動鞋等品牌故事與其品牌標誌發想，也都來自於古老神話故事。希臘建築特殊的三大柱型：多立克式、愛奧尼亞式與柯林斯式，至今在許多恢宏建築上仍都可看見而得以體現此希臘建築工法美學。古希臘雖在時空上距離我們遙遠，但現今我們生活許多面向依然與希臘神話故事有所連結。

　　第二章陳述神話與哲學的關係，希臘神話與悲劇的演進，致使希臘人仰望星空時，思考變動之世界中是否具有某種秩序？嘗試以經驗觀察與理性思維對世界本源提出解釋。從心理學角度而言，神話中人物實具有許多人類心理原型，以其象徵性語言而依舊可以引發當代人共鳴與想像。依據羅蘭・巴特（Roland Barthes, 1915-1980）之神話詮釋觀點：不僅從敘事角度看待神話，神話也可以定義為傳播系統，一種意義構造的方式。

　　第三章我們開始跟隨神話故事裡的英雄踏上冒險旅

程，一同經歷奇幻之旅。其給予當下走在困惑或逆境人生路上的我們，提點指引出路標，喚醒沉睡的內在英雄，總是可以克服人生路上種種險境，透過自我選擇，以意志克服磨難，而決定自己是誰。

第四章詮釋三個希臘愛情神話，當我們在情感路上迷茫時，這些愛情神話故事意涵，為我們指出三個路標：第一，認識自己，接納他人，豐富彼此。第二，放手失去的愛，讓彼此自由。第三，相互坦承，建立真愛。讓我們在愛情神話故事裡找到養分，在真實人生課題裡學習愛，而成就更好的自己。

最後第五章，希望讀者們都能透過本書得到啟發，在生命旅程之精神行囊裡，裝著本書或是其他希臘神話故事，以至於各古老文化的神話故事也都可以。神話裡極度誇大想像的奇幻冒險歷程，其中的神、英雄、人類所經歷之事情與其生命選擇，總是提供我們源源不絕靈感，當在某些關鍵時刻憶起時，總可以作為人生道路指引而讓我們鼓舞勇氣突破險境。現在就一起進入本書的神話世界吧！

江蘭貞
于深耕書房

目次

緒論

|神話故事的召喚|

　　所謂偉大：乃是能指引出正確方向──

　　大江大河，並非其原本便偉大豐沛，

　　而是匯集眾多支脈，

　　繼續往前滔滔滾動，

　　是以其水越流越壯。

　　精神上的偉大亦然：

　　惟其有人先領潮流，

　　引得眾庶隨從歸向，

　　無論其為天賦賢愚。

尼采（Friedrich Nietzsche）[1]

　　人是尋求意義的動物，獲得意義的途徑，有來自於個人對於其自身生命經驗的歸納，也有透過在生命歷程中對

---

[1] 見 Nietzsche, F. (1886), *Menschliches, Allzumenschliches: ein Buch für freie Geister*, Leipzig: Verlag von E. W. Fritzsch, section 521。

某些故事的想像與理解而後產生智慧。故事常常是我們於孩童時期理解世界的管道，隨著生命成長，雖是同樣的故事，當其與自身生命經歷交互激盪，便增添了對己之啟發，而讓我們從故事中對自身生命有某種新的看見。

21 世紀的世界依然深受西方的科學、思想與文化之影響，而探究西方世界發展源頭，則必然要追溯到燦爛輝煌的古希臘時期，尤其是以荷馬（Homer，約西元前 9-前 8 世紀）所傳頌的《伊利亞德》與《奧德賽》兩部史詩做為代表性的希臘文化；再後來希臘哲學接著萌芽，於是而從想像中有著七情六慾的神，到了以理性推理得出神聖的神做為萬事萬物第一因。從看到神話裡英雄人物最終無法擺脫已被注定的命運，而到思考以決定具體事物背後其實具有某種邏輯性。從海神波塞頓（Poseidon）發怒而引發海上驚濤駭浪，到人思考探索與觀測航海氣候規律。赫西俄德（Hesiod，西元前 8 世紀）在其《神譜》中述說世界係如何產生：

> 原初最先存在的乃是卡俄斯（Chaos）—即蒼茫未分的混沌，其次誕生了蓋亞（Gaia）—有著寬闊胸膛的大地，做為所有一切神靈（其乃以冰雪覆蓋的奧林帕斯山峰為家）之永遠牢靠根基，以及誕生了在寬廣大地幽暗深處的冥神塔耳塔羅斯（Tartaros）與愛神厄羅斯（Eros）—在不朽的諸神

中屬她最美，其能使一切諸神和所有凡人皆銷魂蕩
魄呆若木雞，使他們喪失理智，心裡全沒了主意。[2]

在以上《神譜》中，可以看出古希臘人是從神話中來
建構世界觀的。而到了哲學家泰利斯（Thales, B.C.624-
547）則是用經驗觀察與理性思考，而推導出組成世界的
基本元素為水。柏拉圖（Plato, B.C. 429-347）在《饗宴》
中認為愛是偉大的神，並且對愛進行了精神上的詮釋：

在混沌之後，大地和愛一起出現了，……愛不
僅是最古老的，還是人類一切最高的幸福源泉，就
我個人來說，我說不出有甚麼幸福比得上年輕人能
成為一個高潔的愛人或是其愛人所鍾愛的青年對
象。一個人要想過良好生活，其出身、地位、財富
都是靠不住的，唯一可以依靠的原則就只有愛情，
它就像一座燈塔，指明人生的航程。[3]

以上說明了當古希臘人面對世界，先是以其想像力表
達對於世界的認識，進而從豐富的神話故事情境中開啟理
智的哲學思考。所以，古希臘神話其實總是我們對自身與

---

[2] 見 Hesiod (2006), *Theogony; Works and Days,* translated by C. M. Schlegel & H. Weinfield, Ann Arbor: The University of Michigan Press, P. 26-27。

[3] 見 Plato (1991), *The Dialogues of Plato, Volume 2: The Symposium*, translated by R. E. Allen, London: Yale University Press, 178c。

世界的種種象徵性理解，從而投射至於神所代表的意義，例如：眾神之王宙斯（Zeus）乃做為維持一切秩序的仲裁者；天后赫拉（Hera）則做為家庭與婚姻的安定者；智慧女神雅典娜（Athena）是女性的典範人物形象，具有智慧並且亦可在戰場上驍勇善戰；太陽神阿波羅（Apollo）象徵著古希臘人對理性、規律與光明之追求。透過對希臘神話諸神的觀照，讓我們得以看見這些永恆不朽的人類精神原型，而使其成為培育人類思想豐富發展的沃土。

第一章

|在我們生活中的神話|

宙斯從峽谷密布的奧林帕斯山頂
命令荷米斯去召請眾神前來開會，
女神到各處把眾神召來宙斯宮廷。
除了長河，沒有一條河流不與會；
也無一女神不與會，無論生活在
優美叢林、河流源頭或多草澤地。
眾神紛紛來到集雲神宙斯的宮殿，
坐在光潔柱廊裡，那是赫菲斯托斯
用高超智慧和技藝為父宙斯所建造。[1]

《伊利亞特》第20卷

　　這段古希臘神話宙斯召集諸神與會之場景畫面，其實
依然鮮活地重現於每回現代奧運會中，如 2004 年奧運在希
臘雅典舉行，該次奧運主辦委員會主席安傑洛普洛斯夫人

---

[1] Homer (2011), *The Iliad,* London: Harper Collins Publisher, PP. 487-488.

（Gianna Angelopoulos- Daskalaki）致詞，她的身後是一株橄欖樹——千百年來地中海沿岸國家崇拜的聖樹，也是古希臘時期城邦奧運會時，做為雅典城邦的象徵，她說：

> 歡迎參加第 28 屆奧林匹克運動會，歡迎奧運會回到家鄉。全世界的運動員們，你們是科羅伊波斯（Coroibos）真正繼承者，三千年前他成為第一位奧運會冠軍，現在你們將成奧運選手，在希臘這一片孕育了奧運會的土地上。……通過你們的英勇、青春與活力，讓我們最崇高理想獲得了生命。你們的競爭將會非常激烈；但你們競賽方式則是和平的。你們在賽場上的傑出表現向我們展現美的確切定義，在競賽中，國家與種族的界線不復存在。全世界的人們，這是 108 年來第二次希臘做為全人類最偉大慶典東道主，樹立在全世界面前，帶著無比的莊嚴和責任，在接下來 16 天內，你們將看到希臘古老傳統以現代方式得到表達。我們的國家、人民與無私自願者將作出不懈努力，這是我們呈現給世界的全新希臘。你們將感到敬畏、會歡欣鼓舞、精神愉悅地看到世界上最好的運動員在雅典貢獻自己最好的一面，希臘將會點燃全世界的想像力。昨晚奧運會的聖火照亮了雅典衛城，今晚奧運聖火將完成其全球旅行，在我們所有人面前閃動，僅僅一天的時間，它穿梭了我們三千年歷史，從古

老衛城到這座體育場，今晚希臘已經準備好了，我
們全都準備好了，數以萬計希臘人通過辛苦努力而
達成這一切，我們將攜起手來，書寫奧林匹克歷史
上最壯麗的篇章，因為你們也會被載入歷史……讓
我們歡迎奧林匹克運動會回到故鄉。[2]

從上述致詞中，我們看到希臘人對於其自己歷史以及
雅典做為奧林匹克運動會發源地，實感到無比驕傲與光
榮；更重要的是，所有奧運會選手發揮人類最大極限，而
如神一般光榮與會。以下便以奧林匹克運動會、文學與藝
術為例，看希臘神話故事是如何依舊活力盎然活著在我們
生活當中，而能明證希臘神話對現今人類生命仍然有著至
大影響力。

一、身體力與美的典範：奧林匹克運動會

希臘古代奧運會追溯到最早是大約西元前 776 年開
始，一直到羅馬統治期於 393 年才停辦。直到 1896 年一位
法國古柏坦男爵皮耶・德・弗雷迪（Pierre de Frédy, Baron
de Coubertin, 1863-1937）才重新在雅典恢復舉辦第一屆現
代奧運。

---

[2] https://www.youtube.com/watch?v=YYvnvr8Cpzo（約 2H51'30"
~2H56'40"）致開幕詞。

　　詩人平德爾（Pinder, B.C. 518-438）在他的《奧林匹克頌》一開始便說：奧林匹克運動會讓所有其他運動會黯然失色，就像陽光在正午時分蓋過所有的星子一樣。依據平德爾對奧運賽的記載，他把奧運會的肇始歸於希臘神話英雄人物海克力士（Hercules），當他完成其中一項任務時，便聚集了其軍隊與掠奪來的財物，畫了一塊神聖區域－阿爾提斯[3]－給他的父親宙斯，用籬笆圍起這塊土地以與其他空地做分割，海克力士創立了四年舉辦一次的慶典及有獎比賽，這乃是古希臘對他們所創立而自豪的奧運會由來之神話傳說追溯。是誰贏得了新冠軍？結果是里金尼俄斯[4]的兒子奧伊奧諾斯在直線跑步比賽項目中脫穎而出。平德爾對第一次的奧運會下了這般評語：「月亮的臉伴著可愛亮光在夜裡閃耀，而慶祝勝利的歌聲與歡樂響遍了整個聖地。」[5]

　　對於運動員而言，追求的不是勝利後獲得豐厚獎金，這不足以構成主要誘因；反而是在各路好手齊聚以一爭高下，將個人能力發揮到淋漓盡致，與頂尖好手競爭後登上冠軍之座，並讓自己名字與「史上最出色表現」的稱讚連結起來，才是運動員參加奧運的主要動機。然而在個人拚盡全力獲得最佳成績之外，似乎又有著神明在背後決定結

---

[3] 阿爾提斯，是奧林匹亞聖地中心的稱呼，這裡也是祭祀宙斯的聖壇。

[4] 里金尼俄斯（Likymnios），希臘底比斯的一個國王。

[5] 見 Young, D. C. (2004), *A Brief History of the Olympic Games*, Oxford: Blackwell publishing, P. 12。

果，平德爾即道出：

> 在運動賽會中，當優勝者以其雙手或快速雙腳
> 贏得了他想要的榮耀時，一頂頂冠冕輪流戴在他頭
> 上。在人類氣力大小的判定之中，自有神的存在。
> 唯有兩件事，同時伴隨著富庶，得以讓生命享受最
> 甜美的獎賞，亦即：當一個人獲勝並得到好名聲，
> 但可別因此期待自己變成宙斯。如果在自己人生路
> 上與人分享了這兩項可喜之事，你即擁有了一切。[6]

平德爾如此高度評價運動員，乃在於它是人類追求極致的完美表現。凡人終不可能成為神，運動員即使追求力與美到達登峰造極之境，仍然不會像神一樣永恆與完美。運動員雖永遠無法與神相提並論，但當人在運動場上取得勝利，天賜光芒灑在身上那一刻，渺小的人類也如同神一般偉大而被永恆記錄下來。

希臘人從小受體育訓練，讓身體具有非常美麗的肌肉線條，身體的裸露是一種自豪的展現，西方看待人的「身體」這個概念皆深受希臘文化影響，是採取一種美學的觀點來欣賞；而在東方農業文化中，越富庶家庭出身，則對外越展現在華麗繁複服飾上，「身體」似乎是被隱藏的。這個「身體被隱藏」的察覺，是來自於當我們看見與西方文

---

[6] 同上書，P. 126。

化表現極大反差後，回過頭來才發覺我們在農業文化及儒家思想影響下，個人是被淹沒的，人一生的命運永遠在君君、臣臣、父父、子子的嚴密倫理結構中，個人是被嵌入於社會倫常秩序裡，對身體的論述似乎僅止於「身體髮膚，受之父母，不可毀傷」，呈顯出身體是一種倫理的身體，於是，鮮少談論青少年在成長過程中身體的改變、男女慾望渴求的身體，矯健靈活運動的身體，中年風霜與年老虛弱的身體。蔣勳（1947-）曾經指出：在先秦以前，無論玉石、陶土、青銅甚或木材雕塑的人形，大多呈現卑微的存在狀態，粗琢簡鏤，呈顯出人的存在，似乎沒有任何足以誇耀之處，人的身體好似大地的泥土，從漫漫塵土之中來，又回歸到漫漫塵土之中。[7]透過對我們文化脈絡的理解，便明白了是文化導致我們的身體是一種「倫理的身體」，其應隨時謹守分寸而無須突顯，因此，我們當然就不會形成西方人見面親吻臉頰的互動方式，父母與孩子的身體也無法發展親密的擁抱與接觸。這正是一種儒家講求倫常與輩分之別所生成的文化氛圍，而讓自然的身體是被壓抑與隱藏著的。

　　了解中國如此一種倫理的身體觀後，我們再去了解西方文化中身體概念呈現的方式：其中最顯明者即是「肉身的綻放」。這肇始於奧林匹克運動場，身為希臘公民，參與馬拉松賽跑、擲鐵餅、丟標槍等各種競賽，其背後目的

---

[7] 蔣勳，《此生－肉身覺醒》，頁 129-138。

也是在為戰備做訓練。肉身在不同運動項目中展現出各種極限的姿勢與異於平常的弧度，希臘青年人的身體在奧林匹克運動場上，藉由運動競賽而留下青春肉身綻放最美的線條。從上述東西方文化生成了截然不同的身體對待方式，即可明白西方為何如此強調「個人」，因為個人就可以訴說豐富的生命故事。西方人相信靈魂是寓居於肉體之中，強健的身體乃是健康靈魂的呈現，運動身體之目的從來不只是東方所想預防疾病的角度。西方始終以逼近特寫方式，定義身體各種美的形式，並藉此敘說人與神的生命故事。

　　擲鐵餅者[8]（圖 1-1）是一個運動員準備擲出鐵餅的剎那，被米隆（Myron, B.C. 472-440）以雕刻表現，生動地捕捉住他即將擲出鐵餅前的瞬間。我們看到了那一瞬間人體完美且逼真的肌肉線條展現，以及專注凝神而準備奮力一搏的表情，青春運動的肉身正代表著人類生命追求理想，曾經如此熱切地活過。擲鐵餅，在古奧運會上是一項重要比賽，鐵餅以鐵、鉛或石片製作，其投擲考驗著運動員手臂的

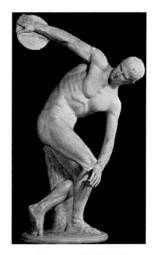

▲圖 1-1　擲鐵餅者

---

[8] 米隆（Myron）的作品，約西元前 450 年，大理石，152 公分高，收藏於義大利國家圖書館。

力量，也包含身體如何控制旋轉與平衡之動態，以及能否發揮出身體的彈性，可謂正是對人體能與智力的全盤考驗。

　　如同艾弗里‧布倫戴奇（Avery Brundage, 1887-1975）於 1952-1972 年擔任國際奧委會主席時所傳達奧運會的精神，他說：

> 　　在文明的「黃金時代」，真正的文化乃是相當注重「健全」的，因而需要身體與心智兩方面的訓練。無論哲學家、戲劇家、詩人、雕刻家、或運動員，皆是同樣見解。偉大的思想家柏拉圖同時也是一位優秀的運動員，曾在運動比賽中獲得榮譽。……這才是真正藝術與運動的結合！人類或許此時才更了解如此的榮耀，以及由健全身體所產生健康心智的愉快狀態。[9]

　　關於奧林匹克賽會，傳說在西元前 776 年之前就已經非正式開始了。據說是有一位伊利斯王艾菲托斯於西元前 9 世紀，接受了德爾斐神諭建議而恢復賽會。該國王向神諭請示，要如何才能結束內戰及終止希臘正在流行的瘟疫，女祭司便建議他應該恢復奧林匹克賽會，並在比賽期間宣告休戰。雖然為奧林匹克賽會而休戰之協定為期不

---

[9] 見 Young, *A Brief History of the Olympic Games*, P. 140。

長，卻促成了希臘各城邦的團結。

　　為了要在奧林匹克慶典之前將休戰訊息傳遞出去，伊利斯國王便會派遣頭戴橄欖枝冠、手拿權杖的傳令官前往各城邦，宣布慶典日期並邀請各地百姓參加。為了保障往來奧林匹克的朝聖者與運動員之平安，於是休戰協定乃禁止參賽國打仗或執行死刑，若有違約之國將被罰以重金。當時人認為賽事都是在神明的庇佑下舉行，乃向宙斯進行祝禱儀式並獻上供品，相信宙斯會將運動才華賜給運動員以獲取勝利。

　　奧林匹克運動會原本是為了敬拜宙斯而舉辦的慶典活動，但到後來，運動員漸漸地將勝利歸功於自己而非宙斯。羅馬人佔領希臘後，更把瑞雅神殿改為崇拜「聖奧古斯都」的聖殿，阿爾提斯在羅馬將軍蘇拉的統治下大受破壞，更因要籌措與波斯作戰的資金，洗劫奧林匹克及德爾菲神殿。西元前 80 年，為了慶祝戰爭勝利，蘇拉把奧運會移至羅馬舉行，在他死後，賽會才又回到希臘。有一段期間賽事獲得重生，羅馬人對運動的興趣以及建造紀念碑的舉動，似乎有助於恢復往昔的奧林匹克；但後來於 393 年後，就沒有再舉辦過賽事，因為當時的羅馬第一位基督徒皇帝狄奧多西一世禁止異教徒崇拜。另一說法，賽會可能舉辦到 426 年左右宙斯神殿被焚毀為止，這場大火可能是狄奧多西二世下的命令，他下令摧毀所有異教徒的神殿。直到一千多年以後，當考古學家發現了奧林匹克遺址。我

們才得以親炙希臘人創建的奧林匹克運動會。[10]

　　現今每四年舉辦一回的奧運會，是運動選手們展示實力的夢想舞台，各國皆爭取舉辦，舉辦期間更是全世界關注的焦點。其淵源則來自於在 1829 年，法國考古隊發現了奧林匹克的遺址，直到 1875 年德國政府在希臘允許下全面開挖，挖掘到宙斯神廟和赫拉神廟，周圍有露天運動場、裁判席、入口通道、體育館、角力場、沐浴與供水設施、游泳池、競技場、聖火壇等，這些考古成果激勵了法國貴族古柏坦，他積極努力奔走籌劃，熱心投入，而終於促成 1896 年在雅典舉辦了第一屆現代奧運會，當時還重新建立了一座宏偉的大理石露天運動場。古柏坦認為：奧林匹克的理想與精神，即是對神明的崇敬與追求人體體能極致的發揮，能夠鼓舞全世界人類的心靈。

二、荷馬史詩與希臘悲劇做為西方文學的開端

> 女神啊，請歌唱
>
> 佩琉斯之子阿基里斯的致命憤怒，
>
> 那一怒帶給阿開奧斯人無數苦難，
>
> 把眾多戰士的健壯英魂送往冥府，

---

[10] 見 J. Swadding, *The Ancient Opympic Games*, P. 90。

使其屍體成為野狗和飛禽的肉食，

就從阿特柔斯之子、人民的國王、

如同神樣的阿基里斯

在他們最初爭吵中分離時開始吧，

其竟然就這樣實現了宙斯的意願。[11]

《伊利亞特》第 1 卷

　　古希臘人為後世留下了兩部偉大史詩：《伊利亞特》（*Iliad*）與《奧德賽》（*Odyssey*），這兩部史詩被希臘人視為民族的榮耀。然而其作者荷馬的生平並無確切史料，現今大部分流傳的說法，認為荷馬是一位雙眼失明的吟遊詩人，生於西元前 9 世紀至西元前 8 世紀左右，而現在遺存荷馬史詩則乃是口傳下來的文學。

　　法國畫家安格爾（Jean Auguste Dominique Ingres, 1780- 1867）為表達對於希臘文化的崇敬，於 1827 年畫出了這幅《荷馬禮讚》[12]（圖 1-2），畫面中央者就是荷馬，由勝利女神將月桂冠戴在他頭上，旁人則眾星拱月的祝賀與讚嘆。

---

[11] Homer (2011), *The Iliad,* London: Harper Collins Publisher, P. 4.

[12] 原作尺寸 386×515 公分，材質油彩，畫布，現收藏在法國羅浮宮。

↑圖 1-2　荷馬禮讚

《伊利亞特》與《奧德賽》兩部史詩距今將近三千年之久，雖然其作者是否真出自於荷馬，或由不同詩人歷經不同年代所累積而成，仍未有定論，但大多數學者仍認為這兩部著作的確係出自於荷馬，以口傳文學與吟唱方式流傳下來。

《伊利亞特》這部史詩描述希臘人攻打特洛伊的一場戰爭。故事始於宙斯從有先見之明的泰坦神普羅米修斯（Prometheus）[13]那裡得知，如果他與海洋女神忒提斯

---

[13] 普羅米修斯（Prometheus）在希臘神話中，其屬於泰坦神族，其名字之義譯為具有「先見之明」意思。由於他幫助人類並從天庭盜火給人間，因此觸怒宙斯，乃將他綁在高加索山懸崖邊，白天令禿鷹啄食他的肝臟，到了晚上其肝臟又重新長出，隔日禿鷹再繼續啄食之，讓他承受無止盡痛苦。

（Thetis）結婚，則所生下孩子將會像他一樣殺死父親取而代之。於是，宙斯只好將忒提斯許配給人類佩琉斯（Peleus）國王，神與人所生孩子，為半人半神而稱之英雄－其為人而有神性者，但其總歸是凡人而終究不是神，因此便不會對宙斯造成威脅。在忒提斯與佩琉斯國王的婚禮上，唯獨紛爭女神厄里斯（Eris）沒有被邀請到，厄里斯憤怒之下便在宴會上丟下一顆金蘋果，並說這是獻給最美的女神。果然紛爭女神挑起了紛爭，引起了天后赫拉、智慧女神雅典娜與愛神阿芙蘿黛蒂（Aphrodite）[14]三位女神爭奪此美名，宙斯誰也不想得罪，於是請她們去找人間美男子特洛伊的小王子帕里斯（Paris）做裁判，三位女神於是皆賄賂帕里斯：赫拉願意給出權力；雅典娜願意賜給他智慧與戰鬥力；而阿芙蘿黛蒂則說要讓人世間最美女人斯巴達王后海倫（Helen）愛上他。結果，帕里斯選擇了愛情，在阿芙蘿黛蒂幫助下，帕里斯將海倫帶回特洛伊，於是引爆了希臘聯軍以阿伽門農（Agamemnon）為統帥攻打特洛伊。這場打了十年之久的戰爭，在書中並非按照時序編寫，而是一開始以希臘聯軍當中的第一勇士阿基里斯（Achilles）的憤怒拉開序幕，從故事的中間開始敘述，再於適當時機將之前的事件倒敘。

---

[14] 阿芙蘿黛蒂（Aphrodite），是奧林帕斯山十二主神之一，在羅馬神話中她又叫維納斯。當克洛諾斯閹割了自己父親天空之神烏拉諾斯，並將其生殖器扔進海裡時，在其四周產生出浪花，而後從浪花中誕生出了阿芙蘿黛蒂。因此，她才被冠以這個名字，其意思就是「從浪花中誕生」。

在《伊利亞特》裡，表面上是因為阿基里斯的憤怒，來決定戰爭的成敗；然而，戰爭的最終結果卻是兩派的神在較勁：天后赫拉、智慧女神雅典娜、海神波塞頓、眾神使者赫密斯（Hermes）和火神赫淮斯托斯（Hephaestus）支持希臘聯軍，而戰神阿瑞斯（Ares）、太陽神阿波羅（Apollō）、月神阿蒂密斯（Artemis）、愛神阿芙蘿黛蒂、河神斯卡曼德羅斯（Scamander）則支持特洛伊。

> 集雲之神宙斯回答波塞頓這樣說：
> 「震地之神，你猜中了，我正是為他們，我的心牽掛著那些即將遭毀滅的人。我自己將留下在奧林帕斯山谷高坐，觀賞戰鬥場面，你們其他神都可以前往特洛伊和阿開奧斯人軍中，幫助他們任何一方，憑你們喜歡。即使捷足先登的佩琉斯之子獨自出戰，特洛伊人對阿基里斯也難以抵擋。以前他們一見他便驚慌發顫，何況他現在怒火填膺，為同伴之死，我擔心他不要違背命數摧毀城牆。」[15]

在《伊利亞特》裡，既刻劃出人性的脆弱，但又願意為自己鍾愛的人赴湯蹈火、為國家犧牲生命也在所不惜。而希臘眾神在這場戰爭裡，也各自選擇想要幫助特洛伊或是希臘聯軍，更使得這場戰爭顯得分外激烈。《伊利亞特》

---

[15] 《伊利亞特》第 20 卷。

之所以能夠流傳至今，依舊被世人一讀再讀的原因在於，在這部史詩裡，讀者們被故事情節深深吸引，在其中，我們深感到對愛情的憧憬、對英雄的崇拜，以及感受對不朽功名的渴望；最終，神明的喜怒決定人間的事情，人逃脫不了已經被神決定的命運，而命運決定了一切。

三、古典世界的召喚：義大利的文藝復興

> 幸福的精靈，以熱切的愛情，
> 使我垂死衰老的心保持生命。
>
> 米開朗基羅（Michelangelo）

黑格爾（Georg Wilhelm Friedrich Hegel, 1770-1831）曾在演講中說道：「提到希臘，在歐洲人心中立刻喚起家園之感，無論是科學或藝術，都讓我們感受到自由，讓我們的精神生活變得多采多姿與富有意義，這一切都來自於希臘」。

於文藝復興前，歐洲乃是處在基督宗教之教會統治時代，我們習慣稱之為中世紀，其為期長達千年之久。當時所有話語權都掌握在教會領導階層，民眾只能寄託於宗教企求來生。在經歷了千年沉悶後，歐洲人回憶起荷馬史詩特洛伊戰爭中，諸神與人類糾葛的故事，諸神有著如同人一樣的活躍性情，又有著完美無瑕身軀，迥然不同於中世

紀宗教對身心之種種拘謹約束；同時。也回想起了亞里斯多德（Aristotle, B.C. 384-322）倫理學，其乃不同於由上帝與教會律法統理，而是以人為本的自律。出於對千年前輝煌古希臘文明的這一番崇敬，因而啟發並啟動了歐洲文藝復興。

「文藝復興」（Renaissance）這個字詞，最早其實是來自於法國的一位歷史學家儒勒・米許萊（Jules Michelet, 1798-1874）於 1855 年所著《法國史》第八卷首次出現[16]。後來其被廣為運用與接受，則主要來自 1860 年雅各・布克哈特（Jacob Christoph Burckhardt, 1818-1897）所著作《義大利文藝復興時代的文化》一書[17]，在此之後，「文藝復興」這個詞開始被大家廣泛採用。然而，這個詞是否就真能代表中世紀文化進步，以及它做為這一歷史過渡期的意義，則引發史學家們之間的意見爭論，在此不多做討論。本書對於文藝復興描繪之焦點放在於：它是如何從古希臘文明汲取養分，經過消化與吸收，而後重新創造出了一個人類史上至今無法超越的輝煌時代。我們對於文藝復興之理解，乃是它指出相較於中世紀時期，對於在其之前的古希臘美德、知識與文化的再發現與發揚，因而見證了古典價值之復興再生。《文藝復興史》揭露古希臘文明再生之精神：

---

[16] Michelet, J. (1876), *Histoire de France*, Tome VIII. - La Renaissance.
[17] Burkhardt, J. (1860), *The Civilization of the Renaissance in Italy*, Translated by S.G.C. Middlemore, London: Penguin Books

十四、十五世紀時，有創造力的義大利作家在
歷經千年文化貧脊後，發覺了文學和藝術再生或重
生之理念……他們鼓勵恢復希臘與羅馬的古典文
化，他們崇敬古典文化並且要使之繼續成長，同時
也輕蔑非古典形式的中古藝術與文學，所以他們在
接受古典標準時，也就是懷疑中古的黑暗，並認為
文藝復興是為文化的再生。[18]

接下來，我們以文學與藝術為例，說明義大利的文藝
復興是如何在古希臘豐富的文藝沃土中，重新使得古典文
明再次大放異彩。首先登場的是當時文壇三傑的但丁・阿
利吉耶里（Dante Alighieri, 1265-1321），他出生在佛羅倫斯
一個貴族家庭，對但丁生命起重大影響的因素，第一個為
佛羅倫斯的道明會修士尼可拉斯・布魯納齊（Fr. Nicholas
Brunacci, 1240-1322），他是著名中世紀經院哲學神學家多
馬斯・阿奎那（Thomas Aquinas, 1225-1274）的學生，曾
留下其對亞里斯多德的研究，使得但丁得以完整吸收亞里
斯多德哲學，因此我們得以在但丁作品中看到一種內在一
致性與知性嚴謹度。影響但丁的另一重要人物是布魯內
托・拉蒂尼（Brunetto Latini, 1220-1294），他也是研究亞里
斯多德思想的學者，但丁透過拉蒂尼，而熟悉了西賽羅
（Cicero）和塞內卡（Seneca），但丁在《神曲》當中以維

---

[18] Ferguson, K. W. (2008), *The Renaissance*, Kessinger Publishing,
P. 3.

吉爾（Vergil）做為嚮導，而維吉爾正是荷馬史詩的繼承者。[19]除了但丁，另外兩位文藝復興的人文學者：佩脫拉克（Francesco Petrarca, 1304-374）與薄伽丘（Giovanni Boccaccio, 1313- 1375）引領了文藝復興中的人文運動。被尊稱為「人文運動之父」的佩脫拉克之名言：「我不想變成上帝而長居於永恆之中，或者把天國抱在懷裡；對我來說，屬於人的那種光榮便已足夠了，這正是我所祈求的一切－我是凡人，我只要求凡人的幸福。」由此可見，人開始思考：人是可以在現世、由自己創造幸福的。

其次，當時人文學者之研究古典語文被其所深深吸引，純粹只是為了欣賞文學而研究；而非同於中世紀學者之研究古典語文乃做為一種工具，即為了借用它們而做為解釋基督宗教之教義。人文學者研究古典語文工作，自稱為「重生復興」（Revival）。人文學者從事的「人文運動」（Humanism），來自於拉丁文 Humanitas 這個字，在文藝復興時代，人文運動係代表著對古典語文的研究，而古典文學指涉的乃是拉丁文與希臘文，其體現的是以「人」做為思想的中心，而非是被教會箝制的思想與生活。當時的人文學者學習七藝，包含了文法、修辭、文學、歷史、倫理、哲學、詩歌等，皆以古代作家做為學習對象。故當時所謂的人文運動即是：研究古典語文，並以人為中心的一

---

[19] Johnson, P. (2002), *The Renaissance: A Short History*, New York: The Modern Library, P. 24.

種教育與學術運動。[20]另一位人文學者：斐維斯（Juan Luis Vives, 1492-1540）對人的形象給予熱情的謳歌，他描述說：

> 人有高傲的頭顱，這是神聖心靈的城堡與殿堂。五官的安排既是裝飾又有用途。耳朵既無細嫩的皮膚又無硬骨，但被彎曲的耳廓包圍，因而可接受來自各方的聲音，又不讓灰塵、毛屑、毛絨、小蟲飛入腦內。眼睛成雙，因而可看一切，並被睫毛與眼簾所護，防止塵土毛蟲侵襲。它們是靈魂的標尺，人臉上最高貴之處。再看人的裝扮，這是何等漂亮，修長四肢終止於指尖，十分好看十分有用。所有的這一切如此協調一致，任何一部分若被改變或損益，都會失去全部的和諧、美麗和效用。[21]

上帝肉身化的形象是人而非動物，人站立的姿勢，不只是能俯視地面而已，更能夠仰望天空，進而能夠以精神世界做為依歸。

接著，我們看在藝術領域，文藝復興時期是如何從希臘文化沃土中汲取靈感，並開創其燦爛光輝的成果。首先，我們先了解歐洲中世紀時期的藝術，以同一主題宗教畫「聖母抱聖子」為例，分析中世紀與文藝復興在畫作風

---

[20] 參王任光，《文藝復興時代》，頁 477-480。

[21] Cassirer, E., Kristeller, P. O., and Randall, Jr., J. H. (1954), *The Renaissance Philosophy of Man*, Chicago: The University of Chicago Pres, P. 391.

格呈現上之差異。如杜奇歐（Duccio di Buoninsegna, 1255-1319）最為著名的《寶座上的聖母與聖嬰》（圖 1-3），我們看到的人物是平面的，人物被層層衣服所包裹，畫家不強調五官面容與表情，在畫作中看不出有空間的立體感，畫中聖母所呈現是其宗教上的神聖性與尊貴性。然而，到了文藝復興時代，同樣是宗教畫作，卻看到藝術家如同古希臘那般崇尚人的軀體，以人為中心，表現畫作中的主角，例如強調勻稱的身材、白皙的皮膚，或具有情感的面容。聖母與聖子畫像到了文藝復興時代，於神性中更顯現有人性的母子親情流露，如拉斐爾（Raffaello Santi, 1483-1520）於 1508 年所完成的《聖母子》（圖 1-4），我們

↑圖 1-3　寶座上的聖母與聖嬰
（Rucellai Madonna，杜奇歐畫，成於 1285 年，450×290 公分，現存於佛羅倫斯，烏菲茲美術館）

↑圖 1-4　聖母子
（Tempi Madonna，拉斐爾畫，成於 1508 年，75×51 公分，現存於慕尼黑，老繪畫陳列館）

所見就是一位真實的女性，寧靜而溫柔，整幅畫具有一種光彩感，聖母的身軀具有一種優雅感，如同希臘女神般豐潤，面目慈愛地看著聖子，細膩呈現衣服的立體感與明暗處，並且與其背後的背景間具有一種遠近感，如同我們人眼所見那般，這是中世紀畫作所沒有呈現出來過的一種透視光畫法。

　　文藝復興藝術家其創作靈感除了來自於聖經宗教故事，另外還有當時被視為異教的古希臘神話故事與人物，最廣為人知者莫過於波堤切利（Sandro Botticelli, 1445-1510）於 1486 年所完成《維納斯的誕生》（圖 1-5），維納斯（Venus）是羅馬名，在希臘神話當中其對應的女神名叫阿芙蘿黛蒂，她是愛與美的女神，波堤切利將代表女性的一切美好、對愛與美的所有想像，幾乎全在這幅畫中展現出來，例如：以豐潤的身材，代表女性的生育能力；柔美而飄散的長頭髮，象徵著女性的魅力；兩手的姿態，象徵著女性的嬌柔；其站立的姿勢，代表著女性對自身美的肯定。畫面當中左上方是由西風之神與花神在空中吹動氣流，將維納斯吹向賽普勒斯海邊，我們看到空中飄落著金蕊的玫瑰花，右邊的季節女神穿著精緻的衣裳，卻完全不會搶奪維納斯的風采，她的手勢準備著將紅色錦袍披在維納斯身上。看著這幅畫，我們就進入神話故事裡，想像維納斯的誕生時刻就如眼前這般畫面。波堤切利這幅畫作裡的元素，有大自然的大海、花朵、樹木、青草等，以希臘神話人物的出生故事做為主題，呈現出人物的清純、無憂

無慮，以及女性的優雅。文藝復興的藝術創作，正象徵人的甦醒，從相信人是罪惡的，因而要贖罪與懺悔，以及相信今世皆是苦難，只能企求來生靈魂得救的人生觀，轉而追憶起千年前，希臘人曾自由自在地享受今世生活，人在今世，就可追求屬於自己生活的美好與幸福。在希臘神話故事中世界乃是綺麗動人的，生命生來並非如教會所說充滿沉重的罪，我們可以享受生命的七情六慾。

↑圖 1-5　維納斯的誕生

（波堤切利畫，成於 1485 年，172.5×275.5 公分，現存於佛羅倫斯，烏菲茲美術館）

　　希臘文明何以在千年之後，於義大利開出燦爛果實？首先從地緣關係來說，東羅馬帝國首都君士坦丁堡被來自東方信仰伊斯蘭教的土耳其人攻陷，從此，東羅馬帝國於 1453 年滅亡，當時有一大批生活在君士坦丁堡的希臘人仍

信奉東正教屬於基督教派，由於他們無法忍受伊斯蘭教統治的生活，就把在君士坦丁堡保存完好的希臘與羅馬文化帶到了義大利。但是，單只有這條件並不足以讓希臘與羅馬文化復甦，研究義大利文藝復興時代文化之重要學者布克哈特認為：沒有希臘羅馬古典文化，就不會有義大利文藝復興文化，而義大利文藝復興的活潑風貌正是受到古典文化影響而產生的，若是略過古典文化對義大利文藝復興文化的影響不談，義大利文藝復興在歷史的意義上將不會如此巨大與深遠。然而，義大利文藝復興文化的發展並非全然受到希臘羅馬古典文化影響；而應說，是希臘羅馬古典文化與義大利民族性格的緊密結合，才造就日後影響歐洲文明至深的文藝復興文化。在許多作品中，我們可以見出其實義大利人自身展現了其高度民族性特徵，雖然古希臘羅馬古典文明與文藝復興時代差距甚遠，但卻屬相同民族，因此，促使古典文化與義大利民族性格一起撞擊出一個高度自主，而且是平起平坐成果輝煌的文化融合。[22]

最後，我們可以試想一個問題，人類文明來到如今西元兩千多年，我們已生活在現代網路世界中，科學發展更已探索至外太空領域，古希臘文明對當今還有何意義？上文以奧林匹克運動精神，以及古典文學與人文思想啟動文藝復興時代為例，說明了古希臘文明於歷史長河中，仍然

---

[22] Burkhardt, J. (1860), *The Civilization of the Renaissance in Italy*, Translated by S. G. C. Middlemore, London: Penguin Books, P. 214-215.

持續不斷給予我們崇高精神的啟發與藝術創作的靈感。
在此，不再一一詳述。事實是，今天在各領域仍可見到
古希臘文化的深遠影響：例如哲學，來自於古希臘文
（philosophia），其義為「愛好智慧」，在希臘人看來，人
就是要不斷追求真理，愛好智慧，不斷發問，並不斷找尋
答案。如柏拉圖於《智者篇》當中提到：

> 當你們用「存有著」這個詞的時候，顯然你們
> 早就很熟悉這究竟是什麼意思，不過，雖然我們也
> 曾相信領會了它，現在卻茫然失措了。[23]

　　希臘哲學家對待生命，比一般人具有更高度熱情，他
們想要探索世界運作背後的原理是什麼？想要知道什麼是
真理？什麼是幸福？這些問題，距離古希臘兩千多年的我
們，至今依舊在追問的道路上。如 20 世紀的哲學家海德格
（Martin Heidegger, 1889-1976）在《存有與時間》一開始
便也追問這樣的問題：

> 「存有著」這個詞究竟意指什麼？我們今天對
> 這個問題有答案了嗎？－沒有。所以現在要重新提
> 出存有意義的問題。我們今天之所以茫然失措僅僅

---

[23] Plato (1899), *The Dialogues of Plato* (translated by B. Jowett),
London: Oxford University Press, Sophist, 244a, P. 1530

是因為不領會「存有」這個詞嗎？－不。所以現在首先要重新喚醒對這個問題的意義之領悟。[24]

　　希臘人提出對存有問題的探討，至今，哲學家們依舊在尋找答案的路上，而我們一般人也會發問生命的意義是什麼？我們可以學習蘇格拉底的精神，「我知道我不知道」（I know that I know nothing.）[25]，但我想要知道。希臘人思辨的精神依舊啟發著我們。

　　另外，在現今物質生活豐富的世界裡，電影欣賞已成為現代人休閒娛樂活動之一。電影的素材更是源源不絕地取自希臘神話故事。在此列舉兩例：帶領我們重回古代壯觀戰場實景，如同親臨現場的《特洛伊：木馬屠城》[26]，改編自荷馬史詩《伊利亞特》。另一部，充滿豐富想像力，再加上現代元素，如《波西傑克森》系列小說便改編為電影[27]，影片內容一開始呈現希臘諸神的小孩就正生活於現

---

[24] Heidegger, M. (2001), *Sein und Zeit*, Tübingen: Max Niemeyer Verlag.

[25] Plato (1899), *The Dialogues of Plato* (translated by B. Jowett), London: Oxford University Press, Apology, 21D, P. 83，此段文本為申辯篇中德爾斐神諭說蘇格拉底最有智慧，於是他去試探此神諭之真意，當他與當時一位看似聰明政治家對談完後，終於了然為何如此：「好吧！雖然我們不能假定我們知道任何真實的美與善，但我確實比他好些──因為他其實無所知卻認為自己知道，而我既無所知也能識得自己無知。」

[26] *Troy* (2004), Shepperton Studios.

[27] *Percy Jackson and the Lightning Thief* (2010), 20th Century Fox.

代生活中，男主角波西傑克森有著學習障礙且社會適應不良，後來當他知道自己父親是海神波塞頓，因而展開冒險旅程，勇闖未知領域。讓生活在當今的我們對英雄之理解不再只是古老定義，而是重新思索：所謂英雄不只是在戰場上英勇殺敵的壯士，更是所有能克服眼前障礙，探尋「我是誰」課題的人，如此將古老神話創造性注入當代元素，使得我們在觀影中激盪出更多對現代英雄特質的看法。

再者，咖啡已成為大眾生活中不可或缺的飲品，在眾多咖啡品牌中，廣為人所熟悉的「星巴克」（STARBUCKS），其商標為一雙尾美人魚，其由來便是取自《奧德賽》當中所描繪塞王（Siren）女妖，她們的歌聲美妙動人，凡行經海上的船隻，其水手們聽了女妖歌聲後，隨即喪失心智，成為其盤中物，只有奧德賽國王運用智慧，沒有被女妖迷惑心智而能順利返航。這個神話故事給了星巴克創辦人靈感，希望喝了其咖啡後便能夠著迷不已，如同水手聽了女妖歌聲後之神魂顛倒。這商標圖像的靈感發想顯現出：我們當代人仍然持續對神話故事投以現代性的創新想像與詮釋。

再如深受世界各地年輕人喜歡的運動品牌 NIKE，其品牌命名與商標也是取自希臘神話故事勝利女神 Nike 名字。根據赫西俄德所著《神譜》之描述：

大洋神之女斯梯克斯與帕拉斯結合，生下了澤洛斯（競爭）和美踝的尼克（勝利；Nike）。她還生了克拉托斯（強力）和比亞（暴力）這兩個出眾兒子……閃電之神宙斯曾把所有不死神靈召集到綿延的奧林帕斯山，宣布任何神只要隨同他對泰坦巨神作戰，就不革除其權利，讓他們保有如前在神靈中擁有的地位，凡是在克洛諾斯手下無職無權的神靈都將得到公正的職務和權利。[28]

勝利女神選擇了幫助宙斯，讓他坐上統治世界的寶座。關於勝利女神的形象表現，其最為著名者，莫過於展示在法國羅浮宮的薩莫色雷斯的勝利女神[29]（圖 1-6），乃是希臘化時期保存下來的珍貴原作，其展翅迎風的姿態栩栩如生，而帶給 NIKE 運動品牌創辦人發想出一個現代感的打勾線條，其

↑圖 1-6　薩莫色雷斯的勝利女神（雕像，創作於約西元前二世紀，現館藏於法國羅浮宮）

---

[28] Hesiode, *Theogonia*, 385
[29] 取自：https://fr.wikipedia.org/wiki/Victorie_de_Samothrace

靈感便是來自勝利女神展翅之弧度。在此,我們再次看到一個美麗希臘神話女神名字與所代表意涵,是如何在現代賦予了一個商品有著神話般美好想像。

　　由以上義大利文藝復興對古典文明之再發現,以及現代人在生活事物中連結到古希臘神話故事而充滿許多發想與創意,我們看到了古希臘燦爛輝煌的文明,依舊源源不絕提供活水源泉給現代人。正如伊迪斯‧漢彌頓(Edith Hamilton, 1867-1963)所言:

　　　　希臘偉大的成就,對今天目睹一個舊世界在一、二十年間被摧毀無遺的我們來說,是充滿意義的。面臨當前的混亂與迷惘,探討希臘人如何獲致思想的清晰、如何肯定其藝術,對我們是頗有裨益的。……儘管人類生命的外在情況易變,它的內在情況卻鮮有差異,偉大的藝術是針對外在世界與內在世界間的衝突提出解決之道。就文學與藝術兩者而言,似乎少有所謂的進步。[30]

　　接下來,將於第二章探討神話與哲學的關係、從心理學角度對神話之解析,以及現代神話的詮釋,從這三方面來闡述神話具有的源源不絕生命力。於後,本書將聚焦於

---

[30] Hamilton, E. (1930), *The Greek Way*, New York: W. W. Norton & Company, P. 14.

神話故事如何能對現代人生命的茫然感提供指引。我們將進入希臘神話故事中，闡發其如何讓將近三千年後的我們，依然可以從其中領會對人生的體悟，進而能夠對生命有更多的熱情與行動力。

第二章

|神話的生命力|

　　神話存在所有人類居住之地、在各個時代和情境中盛放著；並一直是人類身體與心智活動產物活生生的啓發示範。

喬瑟夫・坎伯（Joseph Campbell）[1]

　　神話，對於一般社會大眾而言，常被看成是怪力亂神而經不起邏輯檢驗的作品，認為神話充其量不過是說給小孩催眠用的床邊故事。其實，這是對神話的誤解。若是我們對神話進行解讀，將可以得出某些共同點：人類各民族的神話故事，都是在訴說對世界乃至宇宙存在的想像，其不僅是描繪神的故事，更是在言說人類自身的處境，神話不僅是各民族文化的代表，更可穿越時空，為群體與個人精神生活帶來指引與啟發，因而我們可以說：每個人都擁

---

[1] Campbell, J. (2004), *The Hero with a Thousand Faces*, Princeton: Princeton University Press, P. 1.

有一座神廟。誠如神話大師喬瑟夫‧坎伯（Joseph Campbell, 1904-1987）所言：

> 　　若說神話是一扇開啟的秘密門扉，宇宙無窮無
> 盡的能量經此而注入人類文化以展現之，是並不為
> 過的。宗教、哲學、藝術、史前和歷史人類的社會
> 型態、科技的重大發現，以及擾動睡眠的夢境，都
> 是從這基本所源出、如有魔法般的神話指環中沸騰
> 起來的。[2]

　　也許有人會問：「為何我們需要神話？」關於這個問題，我們可以試著回想自己的過往生命。在每一個人從小到大的生命裡，總都會留存幾個印象深刻的神話故事，若人生沒有任何神話故事點綴其中，則人生就好像只是睡了一覺起來，卻沒有作夢，沒有作夢的睡眠，雖也獲得了休息，卻不免於只是無任何經歷的空茫感。每一民族的神話故事，其實皆與其原初宗教信仰有關，裡面大多是提出對世界的疑惑與其可能解答，這正是人類認識世界與自己心靈的探索過程。當從這個角度看神話故事，則其乃是具有深沉心靈意義內涵，而可從中得到人類自古以來所累積的智慧。神話說的是「故事」而非「事實」，它讓我們了解千年前人類是如何解釋世界之運作，這或許不同於現代人以

---

[2] Campbell, J. (2004), *The Hero with a Thousand Faces*, Princeton: Princeton University Press, P. 1.

科學方式解釋世界，但兩者其實並不衝突，神話故事的豐富元素，使閱讀與聆聽者可以得到其中重要意義，甚至對其生活與行動都起了巨大影響力。

一、哲學觀點下的神話

現代人習於理性思考與邏輯判斷，但當面對人生諸般處境，其複雜性往往難以適用非黑即白的二分法。人生課題背後總有更深層意義需要去探索，而神話即具有此神奇能力，其能夠涵納包容各種衝突與矛盾，讓我們對人生的道路或選擇，有一更高層次、更廣角度看待全局的視野。神話（Myth）這個字乃是源自於希臘文（mythologia），在英文譯為神話學（Mythology），意旨為：「泛指一般有深度、含終極意義的故事，以暗示超越的境界，引人去正視生命中莊嚴的主題。」[3]既然是具有深度與終極意義的故事，其必然值得我們去深入探討與思索，我們在這裡先對神話有一輪廓性的體察，即：「在神話當中所記載的多是關於神與超自然的事物，而在神話裡的神與人在不同時空中有許多特殊際遇，是一般人在生活中難以遇到的奇幻經歷，讓聽者與讀者總是能從神話裡體悟到對人生或世界的意義感」。如關永中所分析的：

---

[3] 天主教袖珍英漢字典，https://cdict.net/q/myth

　　　　有關神話與演義間之分辨，理論上言，演義是
　　以歷史人物、事跡做基礎而演繹出來；神話卻原則
　　上是以其角色及處境都超越了歷史的。不過，實際
　　上說，人類所留存的神話或演義並不是如此地黑白
　　分明的。例如：荷馬的《伊利亞特》以歷史事跡做
　　基礎而被提升為神話，因為它充滿著象徵的深義、
　　蘊含著莊嚴的主題，使人談之而肅然起敬；此外，
　　其中所加添的幻想成分，更增進了其為神話的色
　　彩，更能顯現出天人間的關聯。因此，世人都把它
　　供奉為希臘神話之典型。[4]

　　若要對神話下一定義，不同的學者會對神話給出不同
的定義，在此，我們引用關永中對神話定義所提出四個重
點：

(1)它是象徵的表達

(2)它是故事體裁

(3)它寓意著超越界的臨現

(4)它蘊含著莊嚴而深奧的訊息[5]

　　接下來，我們來看希臘哲學是如何從神話中醞釀出來
的，以及哲學家如何從哲學角度詮釋神話的內涵。在柏拉
圖對話錄《斐德羅篇》(*Phaedrus*)，描述蘇格拉底與好友
斐德羅沿著伊立蘇河一起散步，走到梧桐樹下，那兒有樹

---

[4] 關永中，《神話與時間》，頁 8。
[5] 關永中，《神話與時間》，頁 9。

蔭、有涼風，於是兩人便在草地上坐下來，斐德羅對蘇格拉底說：「希臘神話中北風之神波瑞阿斯（Boreas）從河邊把雅典公主俄里蒂亞（Orithyia）抓走，是不是就在這一帶？……這裡河水清澈，正適合姑娘嬉水……請告訴我，蘇格拉底，你相信這故事是真的嗎？」蘇格拉底秉持著一貫「知道自己是無知的」精神而這麼說：「如果我不相信這故事，那我倒可以像一些人一樣提出科學的解釋，認為這些是虛構的，只是若一旦開了頭，便要說起神話裡無數其他怪物，而我實際上並沒有如此大量時間來考察這件事。我都還做不到德爾斐神諭所告誡：『認識你自己』，只要我還處在對自己無知狀態，要先去研究那些不相關事情就太可笑了。我的研究寧可針對自己，看自己是否真的是比颱風（Typhon）巨神更加複雜與傲慢的怪物，還是我是個比較單純溫和、上蒼保佑的生靈，有著與颱風巨神不一樣的平和性格。」[6]

　　從以上對話內容，我們已可看出蘇格拉底之所以為西方哲學導師，他對於自己不清楚的事，不會輕易全盤接受，而是保持著一種距離，不以個人喜好來解釋古代流傳下來的故事。歷史上會產生這樣轉變，對奧林帕斯山諸神所建立的世界秩序，以及荷馬筆下所寫神話故事，翻轉其看待眼光，主要來自約西元前 6 世紀希臘旁的愛奧尼亞（Ionian）城，有些人在思想上發生了轉變，因地理位置

---

[6] Plato (1991), The Dialogues of Plato, Volume2: *Phaedrus*, translated by R. E Allen, London: Yale University Press, 229-230B.

鄰近其他文明世界的關係，而開始有了大膽的假設，認為
在變動的世界背後似乎隱藏著某種秩序。例如泰利斯以經
驗觀察與理性思維，提出「什麼是世界的本源」，他的答案
是「水」。當我們現在來看這答案顯得可笑，但在那時其提
出問題與尋找答案的方式，正是以哲學思維而思考世界的
圖示。哲學與神話的關係，正如當代著名歷史學家理查・
塔那斯（Richard Tarnas, 1950- ）所言：

> 　　在這個重要階段，神話與科學方法存在著一種
> 明顯重疊。我們可以從泰利斯的陳述中發現這種重
> 疊，他重申某種統一的基本實體，同時也強調神的
> 無所不在：「一切在於水，而世界則充滿了神」……
> 由於這個原始的實體是它自己所規定的運動與變
> 化之創造者，故又是不朽的，它被認為不僅是物質
> 的而且也是有生命活力和神聖的。同荷馬很相像，
> 這些最早哲學家並不把自然與神看成是相互交織
> 的。他們也堅持來自荷馬舊意義上的某種東西，一
> 種統治自然的道德秩序，一種在世界變化中保存其
> 平衡的非個人命運。[7]

　　古希臘從神話邁向哲學，以哲學方式來說明萬物根
源，顯現人類開始抽象思考，嘗試以某種理論來建構與神

---

[7] Tarnas, R.（1995），《西方心靈的激情》（*The Passion of the Western Mind*），王又如譯，台北：正中，頁 22-23。

話不一樣的世界觀。到了西元前 5 世紀，希臘人熱情地建造神殿，崇敬奧林帕斯山上的諸神，例如在建造帕德嫩神殿（Parthenon）之同時，也正是以精準計算之建築工程，將人的理性與對雅典娜女神尊敬之心連繫在一起。在詩人平德爾之頌詩中，其讚美奧林匹克運動會中運動員優秀的本領，乃是神所賦予之能力。此說明了當時人已瞭解到人可以盡自身能力，但依舊需要神的加持力量。可見神話影響力並未因有了哲學的抽象思考與建築科學的發展而褪去。

當神話引發了哲學以另一思考方式建構世界觀後，哲學便會追問究竟神話蘊含或寄寓著何種意義？呂格爾（Jean Paul Gustave Ricoeur, 1913-2005）在《惡的象徵》說明了神話的象徵性，神話本是對最早所發生事件之口傳講述，而此種講述對現今人們之禮儀活動依舊起著作用，並以某種籠統方式，使人類藉以在世界中理解自身行為與建立思考方式。然而，對於現代人而言，神話僅僅就是一則神話，因為我們不會再將它與我們採取某種批判方式書寫的那個時代聯繫起來，也不會將神話的地點與現在地理學空間聯繫起來，這就是神話之所以不再成為一種解釋的原因。然而，隨著神話失去了其解釋權利，卻又顯露出神話具有探索的意義及對認知的貢獻，這就是神話的象徵功能。在這個意義上，神話具有揭露與顯示人與人所視為神聖者間聯繫之能力。看似矛盾，但卻是神話通過了一些科學歷史方式被去除神話形式，而在神話破譯後，反而被提

升到一種象徵的高度，並成為現代思維的一個方向。呂格爾進一步以惡的起源與終結之神話為例，說明罪惡－褻瀆（defilement）或罪（sin）－是一敏感點，可以說神話是以其特有方式顯現此連結樞紐。因為罪惡乃是對神祇體驗的極點，「罪惡」做為「樞紐點」，在其開始與結束過程中，神話將人的體驗放在從其講述中而獲取到意義之整體，於是，人的現實之做為一個整體的理解，是來自於一種古老的情境與一種期待而得以完成。[8]

　　在我們認識的神話裡，總都會找到一個符合心中理想的人，其生活世界與生活方式乃是現代人所無法體驗到的精神性充盈。例如，亞當與夏娃生活在伊甸園中，沒有煩惱、痛苦、與死亡，然而，當他們犯了錯而被上帝逐出伊甸園，開始過著人類的生活，男人必須辛苦勞動，女人則必須經歷生產之痛苦，人只有悔改才能修復與上帝的關係。人從此不再是不朽的，因而我們總渴望著回到那原初的永恆美好世界以及與上帝間的和諧關係。從這個角度來看，在神話當中所具有的誇大渲染情節，正可讓我們了解到這是我們內心深處的某種生命情懷，其雖然看似虛幻不存在，卻又是在我們的存在世界裡具有實在意義。

---

[8] Ricoeur, P. (1986), *The Symbolism of Evil*, Boston: Beacon Press, P. 5-6.

二、心理學觀點下的神話

　　生活在 21 世紀的我們，享受著科技所帶來方便性，人們不斷追求物質生活的提升，卻不知是為了什麼？工作為了有一份薪水，而可買到自己喜歡的東西、旅行或享受美食等，可是有了這些又如何？現代人在物質上愈滿足，在靜下心來卻愈發現心靈空虛無比，因為我們在繁忙追逐中，遺忘了思考意義問題，尤其是那些人生非得要面對卻沒有絕對答案的課題，其依舊總會在我們心靈深處湧動。而這些跨越時代凡人皆所共通課題，實則早就蘊含在古老神話中，吾人可藉由心理學觀點捕獲神話智慧而提供心靈富足感。神話其實是人類對其身心所處世界的一種原初認識，而透過豐富想像力來描繪此世界，如卡爾・榮格（Carl Gustav Jung, 1875-1961）所說：

> 　　對於我們往內在觀照之視野、我們是什麼樣子、人從永恆方面來看又是如何……只可能透過神話來表達。神話富有個人獨特性，比科學更能精確地表現生活。[9]

9　Jung, C. G., (1962), *Memories, Dreams, Reflections*, New York: Vintage Books, P3. Prologue.

　　人類生命就像植物是以其根系來延續，真正的生命是埋藏在土裡的，而露出地面的莖葉部分只能存活一個季節，正如同對應到個人生命與各民族命脈，其雖表面上不斷成長凋零與興衰，然而，我們並未失去某種根源的意識，這即是我們人類共同的集體潛意識。[10]榮格所說的「心理原型」其實就是本我的普遍性質，而以象徵方式向我們顯現，其中神話就是最好的例子。另一例子就是《牧羊少年奇幻之旅》這本書的經典語錄：「當你真心渴望某樣東西時，整個宇宙都會聯合起來幫助你完成。」[11]與小男孩對話的老人用這句話提醒他用心「辨識徵兆」、發現自己天命，於是小男孩便進入了一個截然不同的象徵生活，踏上了屬於自己獨特的命運之旅。當一個事物或畫面所隱含的東西，超過表面顯而易見的直接意義時，其實就是它具有其象徵性。象徵擁有寬闊的潛意識層面，若是我們願意探索象徵，便會發現在理性層面所不曾有的觀念。在宗教與神話裡有許多象徵性語言，便是因為這個世界有太多事

---

[10] 根據榮格的說法：集體潛意識有各種的「原型」（archetype），他認為人生有多少的典型情境，就有多少原型。與人格和行為相關的是「人格面具」（persona）、「阿尼姆斯」（animus）指的是偏向男性的意向、「阿尼瑪」（anima）指的是偏向女性的意向，以及「自體」（self）與「陰影」（shadow）。這幾種主要的原型，其在我們人格中既會產生衝突對抗，也會為創造力提供動力。參 Jung, C.G. (1962), *Memories, Dreams, Reflections*, New York: Vintage Books, PP. 170-199。

[11] Coelho, P.（1997），《牧羊少年奇幻之旅》（*El Alquimista*），周惠玲譯，台北：時報，頁 24。

情是超乎人類理性所能了解的範圍，所以使用象徵語言來表達我們不知該如何界定或理解的概念。

在西格蒙德・佛洛伊德（Sigmund Freud, 1856-1939）經典著作《夢的解析》當中，他將夢的內容視為一個整體，並且可以在某些情境下以類似內容代替原來內容。佛洛伊德以《聖經》中約瑟夫解釋法老的夢為例，七頭瘦牛追逐七頭肥牛並將其吃掉，這象徵著埃及將要有七個荒年，並將耗盡之前七個豐年的盈餘。佛洛伊德認為：

> 夢的意念主要與未來有關而予以事先推測─這原本只是夢的古老預言意義之殘餘─其如今則成為一種動機：藉由象徵性解釋獲取夢的意義，從而以「即將如何⋯」使夢的意義移植接入將來。在此無法示範此種象徵性解釋方式是如何達成，釋夢的成功與否取決於腦海中乍現的巧妙想法和單純直覺，因此象徵性釋夢，自然被提升到藝術境界而仰賴於非凡天賦。[12]

佛洛伊德將象徵性釋夢法用在臨床心理治療上，幫助例如歇斯底里恐懼、強迫意念等病人，他認為可以將釋夢嵌入精神分析過程中，夢本身可被視為某種症狀之表現，

---

[12] Freud, S. (1913), *The Interpretation of Dreams*, New York: Macmillan, P. 81.

而用來治療該症狀之解釋方法也同樣適用在夢的解釋上。[13]
佛洛伊德從神話中找到象徵意義而應用在臨床心理分析，
他曾有一個案是十四歲小男孩，他請男孩閉上雙眼，再將
所看到圖像或是意念說出來，結果小男孩說出了心念所見
圖像：正與叔叔玩跳棋，想著幾種被禁止的走法，棋盤上
有一把屬於父親的匕首，然後又出現了一把長柄大鐮
刀……一位老農夫在他家前面用大鐮刀割草。由於男孩父
母離異，其父親對他嚴厲管教而多有壓抑，佛洛伊德幾天
後有了靈感，而從這些圖像拼湊出其意義，構成了一系列
可被理解的暗喻圖像：其連結到希臘神話中宙斯（Zeus）
與父親克羅諾斯（Cronus）的關係，鐮刀是宙斯用來閹割
他父親的工具，因為這個殘忍的老人吞食了他一個個孩
子，於是宙斯乃對他的父親進行報復。同樣地這個小男孩
也是想要報復父親曾經對他的懲罰，而以大鐮刀與老農夫
的形象顯現此象徵。佛洛伊德認為此案例表現出來長期被
潛抑的記憶，以及一直被保存於潛意識中的衍生物，雖然
其表現為明顯不相關的一個個圖像，但這些圖像很巧妙地
以一種迂迴方式悄悄進入我們意識之中。[14]上述內容是一
位精神分析醫師嘗試以神話故事來解釋其個案之生命困
境，這一條進路，若真能幫助個案達到對自己生命有新的
看見與理解，甚至紓解了某些情緒糾結，則這個神話之象

---

[13] 同上書，頁 84。
[14] 同上書，頁 491-492。

徵意義就具有其價值了。

當我們讀了一些神話傳說故事，其實可以發現這些常與時下流行的「英雄」電玩遊戲、或一些戲劇性事件具有關聯性，這些關聯的象徵並沒有遠離我們人類。例如荷馬所描繪的特洛伊戰爭便在我們內心形成某種對戰爭的原型，當我們再看到關於戰爭的作品，便會對戰爭有新的體認，而讓不曾經歷戰爭緊張氛圍的人也能夠引發共鳴與想像。

在各民族中流傳最普遍的莫過於英雄神話，它們雖存在著細節差異性，但若仔細檢視，總會發現到各地英雄神話故事在結構上有著共通模式。英雄神話故事描述一位英雄，他的出身卑微卻具有傳奇式的誕生，具備異於常人奇特能力或力量，能夠與邪惡一方展開決鬥，在過程中或許有時輕敵驕傲而大敗，但其總能逆轉劣勢取得勝利，或者有時也會犧牲而寫下死亡結局。這樣的神話結構其實對個體乃至整個社會實乃具有其心理意義：對於個體而言，即呼應個體應對挑戰險境而克服困難的生命成長；對於社會而言，即有一正義代表能保護一般平庸凡人，讓人們相信邪惡勢力終究必有正義力量予以反制。神話中的英雄人物，乃成為我們心靈認同的象徵，英雄所具有形象，或是呼應自我所欠缺，或是激發出來我們也具有的某種特質或潛在能力，而讓我們看到自己的軟弱或強大，進而在真實生活中面對挑戰與考驗。

　　尼采在《悲劇的誕生》[15]寫道，太陽神阿波羅（Apollō）與酒神戴歐尼修斯（Dionysus）兩個支配藝術之神，阿波羅代表著造型藝術，而戴歐尼修斯顯現的是非視覺音樂藝術，此兩種創造傾向，有時彼此並肩發展，有時強烈對立著，但也由於彼此互相對抗，反更激發出人的活潑創造力，一直到古希臘人創造了希臘悲劇，始才表現出兩者之間淵源的明顯特質。尼采進一步說，阿波羅與戴歐尼修斯所代表的是夢幻世界與醉狂世界兩種截然對立現象。希臘人認為夢幻世界最接近神的完美，而象徵完美之神的代言人正是阿波羅，他是「光輝」的神，阿波羅的形象散發充分智慧與美；而醉狂世界的代表則是酒神戴奧尼修斯其陶醉狂喜的本質，讓個體完全忘卻自己恣意狂歡而融入整體，這就是戴奧尼修斯的力量。太陽神與酒神這兩股精神力量，就是如此在個體中時而對立時而拉扯地協調。

　　最後，我們來看這兩個神話人物－太陽神阿波羅與酒神戴歐尼修斯，榮格是如何從心理學觀點詮釋我們心理的太陽神精神與酒神精神。對於榮格而言，在酒神式的心理狀態，「感知」乃做為最重要的心理質素，並且與情感的外傾現象密不可分，而使許多情緒容易引發出來；換句話說，人的內在具有一股驅力與盲目的強制性情緒。相較於酒神精神，太陽神精神則是象徵著我們內在對於克制、均衡、理性，以及對於美的情感之自我覺察，太陽神精神所

---

[15] Nietzsche, F. (1878), *Die Geburt der Tragödie*, Leipzig: Verlag von E. W. Fritzsch, Abschnitt 1.

顯現的乃是一種內省與沉思的內傾心理狀態。[16]

三、神話的現代詮釋

當代的神話學大師喬瑟夫‧坎伯推崇心理分析家如佛洛伊德、榮格，他們大膽且具劃時代意義之著作對神話學研究是不可或缺的，神話故事的影響力一直持續到今日社會，如伊底帕斯情節、阿拉丁洞穴等，在做心理分析時，總能給出個案一些線索並開啟冒險的旅程。[17]

羅蘭‧巴特就其對神話學的研究，提出了「現代神話」觀點，他在法國連續兩年以法國時事為主題解讀若干事例，而系統性說明現代神話可謂是一種言談。羅蘭‧巴特認為每件事情都可以是神話，宇宙給出的啟示是無限豐富的，世界上任何一件物品都可以從靜止狀態變成口說樣態。例如一棵樹，經過詩人描述，就不再是一棵樹了，而是充滿文學的意象。羅蘭‧巴特認為，沒有不朽的神話，只有古老的神話，人類可以把現實轉換成言談，而統治著神話語言的生與死。同時，神話藉由歷史而選擇了一種言談，它並非是從事物的本質所演變出來的。[18]

---

[16] Jung, C. G. (1921), *Psychologishe Typen*, Zürich: Rascher & CIE Verlag, P. 206.

[17] Campbell, J. (2004), *The Hero with a Thousand Faces*, Princeton: Princeton University Press, PP. 3-7.

[18] Barthes, R. (1972), *Mythologies*, translated by Jonathan Cape Ltd., New York: The Noonday Press, PP. 107-108.

　　身處現今的我們，享受科技發達與物質滿足的生活，然而卻時常感到內在的焦慮。當我們不再從神話裡尋求意義感，而只相信技術理性，總想要抹掉神話的虛幻不實，遂使我們的靈魂失去了滋養與活力。存在主義心理分析大師羅洛‧梅（Rollo May, 1909-1994）提出人性中存在著對神話的普遍需求，神話雖有著不同形式，但凡只要有人類便會對神話有所渴求。神話對於現代人而言，可以被看待為內在自我與外在世界關係的自我理解與詮釋。神話可以幫助我們整合對於社會的敘事，而能使靈魂具有活力，同時，在生命遭受困頓的時刻能產生出來該事物對自身生命歷程之意義感，這些意義感都是以神話語言出現，或是靈光乍現而開顯出來。所以，羅洛‧梅認為心理分析治療師應以一種開放態度來看待個案，他說：

> 　　心理治療師允許其案主認真地看待自己的神話，不論這些神話是來自夢中，出現在自由聯想或幻想中。……在治療中，神話可以是一種擴延、是一種嘗試活出新生活的架構，或者是重建當事人殘破生活方式的急切冒險。[19]

　　接下來，我們來看《大亨小傳》這本美國文學名著，它傳達了一種美國夢之實現，然而呈顯出其主角內心空

---

[19] May, R. (1991), *The Cry for Myth*, New York: Dell Publishing, P. 21.

虛，當他追求物質豐裕到極致，卻也正是感到生命極度空乏，以致最後人生以悲劇收場。所謂美國夢可謂是 19 世紀的神話，書中主角傑・蓋茲比（Jay Gatsby）為了要奪回前女友的愛，不惜一切改造自己身分以獲取財富。美國夢這個啟示神話象徵著讓人挖掘新潛力、開拓新疆界、盼望新生活，為了這個美好目的可以拋棄道德、傷害他人也在所不惜，似乎達到致富就沒有對錯的差別，若成功了便是受到神的眷顧，功成名就都只為了追求內心中虛幻不實的神話。且看這個故事有意味的結尾，蓋茲比的鄰居尼克說道：我坐在沙灘上，一面思潮湧回那古老已失的世界，一面想到蓋茲比第一次認出對岸黛西那盞綠燈的時候，一定同樣有著驚奇。他好不容易歷盡甘苦來到這片青草地上，他的夢似乎近在眼前、一伸手就可掌握。他所不知道的是他所追求的早已丟在背後老遠的在紐約城那寂寂無聞的地方，在漫漫長夜一望無際的美國田野。蓋茲比一生的信念就寄託在這盞綠燈上。對於他這是代表未來的極樂仙境，雖然這個目標一年年的在我們眼前往後退。我們從前追求時曾經撲空，不過沒關係，明天我們會跑得更快一點、兩手伸得更遠一點⋯⋯總有一天，我們繼續往前掙扎，像逆流中的扁舟，被浪頭不斷向後推入過去。[20]

　　尼克思考著蓋茲比的一生，他發問這一切究竟有任何意義？蓋茲比所做的一切能夠為美國夢提供線索嗎？羅

---

[20] Fitzgerald, F. S. (1925), *The Great Gatsby*, Charles Scribner's Sons, P. 193.

洛‧梅為此下了個很好註解：

> 尼克在黑暗中摸索可以指出方向的神話，就像一個人在黑暗中找尋電燈開關來點亮整個天堂一樣。他找的是一個吸納這種永不停息失敗的神話，一個讓永恆回歸成為我們可以忍受事物的神話，一個可以暫時為我們的荒謬存在帶來意義的神話。[21]

　　《大亨小傳》結語：於是我們繼續往前掙扎，像逆流中的扁舟，被浪頭不斷向後推入過去。其所給出的啟示是：只要有人類的地方，神話便會在各個時代與情境中帶給人心靈啟發，雖然現今已無一個普遍有效神話，然而在我們每個人的內心世界，都擁有一個強大力量的神話故事。這個說法，心理分析學家佛洛伊德、榮格、及其追隨者已為我們的心靈世界從神話中找到一席委身之地，為衝突的現實情境找到化解之道，讓我們的生命與神話聯繫起來，讓我們對神話進行理解來滋養內心的孤獨與不安，透過重新閱讀神話或再創造，而讓神話在我們的心靈綻放喜悅的花朵，並且在人生迷惘徬徨時，做為一個指標、一道光亮，而能讓我們勇敢前行。

---

[21] May, R. (1991), *The Cry for Myth*, New York: Dell Publishing, P. 144.

第三章

|踏上英雄冒險的旅程|

不過，我仍然每天懷念我的故土，

渴望返回家園，見到歸返那一天。

即使有哪位神明在酒色的海上打擊我，

我仍會無畏，胸中有一顆堅定的心靈。

我忍受過許多風險，經歷過許多苦難，

在海上或在戰場，不妨再加上這一次。

《奧德賽》第 5 卷[1]

一、喚醒內在沉睡英雄：活化生命意義

英雄[2]主題始終是做為年輕人喜愛的電影主題之一。例如：由迪士尼（Disney）旗下漫威工作室（Marvel Studio）

---

[1]　Homer (2011), *The Odyssey*, London: Harper Press, P.91.

[2]　本書對英雄的詮釋：英雄在希臘神話中為神與凡人所生的後代，其具有神性的超凡能力，同時也具有人性的脆弱，在此兩股張力間，於每一個生命情境中做出抉擇，而完成自我之英雄旅程。

所推出的《復仇者聯盟：終局之戰》（*Avengers: Endgame*）橫掃全球票房，已正式打破《阿凡達》（*Avatar*）所創下的影史最高票房紀錄。[3]

　　英雄題材在電影、文學，以及當代人喜歡玩的電玩遊戲（如：英雄聯盟）裡，絕對是不敗主題。當我們在觀看或是參與到遊戲當中時，便不由自主將自身投入到英雄身上，而一同經歷險境並從困境中脫困，受英雄人物身上勇氣、智慧等特質深深感染，從而喚醒我們心中的理想，使得英雄成為我們人格嚮往之典範。即使在現今科技社會中，我們依舊需要英雄存在，以激勵每一個平凡人物鼓舞其自身，勇於探索生命進而挑戰歷險，而創造自己的傳奇故事。當代人類生活物質條件高度發展，然而精神世界卻是空乏無所依憑，這正是我們生命內在英雄甦醒的時刻。

　　在踏上英雄旅程之前，且讓我們先穿上武士盔甲，藉由一個青少年文學作品，經歷一趟三個城堡的考驗。此一武士生命歷程，其開展自我探索與踏上冒險旅程，也就是人的個體化過程，從而可以讓我們清楚界定自我（ego），同時學習如何與他人相處，以及終竟與精神世界合而為一。在《為自己出征》[4]故事中，武士並沒有名字，從頭到尾只有武士這個稱呼，然而，其依舊生動地帶領我們跟隨

---

[3] 財金新報，2019.07.22，取自 https://finance.technews.tw/2019/07/22/avengers-endgame-box-office-performance/

[4] Fisher, R. (1990), *The Knight in Rusty Armor*, California: Wilshire Book Company.

著他的旅程，吸引我們像英雄人物一般行動，其似乎就是在召喚每個感同身受有意願者：套上自己名字而參與其中。武士既有人類脆弱感性，一面又有勇敢氣概，而讓我們看到了自身的憧憬與希望。[5]

《為自己出征》的故事是敘述武士遇到了一個難題，這個難題是什麼呢？武士勇猛善良並且對國王也忠誠，他的工作就是對抗邪惡武士、屠龍救公主，國王為了獎賞他，賜給他一副像太陽一般閃耀的盔甲，於是他每回出任務，必然總要穿上盔甲跳上馬匹出發。武士在一次屠龍救公主過程後，將一位名叫茱莉亞的公主娶回家，並生下兒子克斯。

武士珍愛他的盔甲，並且因會隨時接到任務，於是便就始終穿著盔甲，後來家人與朋友都忘了他沒穿盔甲時是什麼樣子了。有一天，茱莉亞鄭重告訴武士：「你愛這盔甲勝過愛我，如果你再不脫下盔甲，我就要帶著克斯離開」，武士知道如果他再不脫下盔甲，便會失去茱莉亞與克斯。但就當他決定脫下盔甲時，卻發現自己無論如何用盡一切辦法都無法脫下盔甲，他到鎮上找鐵匠幫忙也無法脫下自己所穿上的盔甲，後來宮廷裡一個小丑，建議武士可以去樹林裡找梅林法師幫忙，於是，武士便滿懷希望出發，向森林奔去尋找梅林法師。

---

[5] 《為自己出征》書中武士的意涵：武士之稱號是一種榮譽，其一般具有功勳或戰績，以他的勇敢忠誠而被國王授予武士名號，贈以盔甲寶劍等，以彰顯其尊榮地位。

　　到了森林後，武士費了很大勁兒才找到梅林。在樹林裡，梅林幫助武士思考他為何脫不下盔甲？那是因為他不夠認識自己，他與武士討論什麼是生命，並幫助他了解自己是如何忽略妻兒感受。當武士開始思考時，梅林法師說：「你已經做了脫下盔甲的第一步。」當武士了解自己不能再像以前那樣生活與思考時，便意識到要為自己脫下盔甲了，不能再讓自己困在這一堆廢鐵中。梅林法師告訴武士若要擺脫虛偽、貪婪、仇恨、忌妒、恐懼和無知，只有啟程踏上真理之道，通過三個城堡的考驗，學習如何愛自己。於是，武士首先進入沉默之堡，在此只有全然沉默無言，面對最深沉自我，與自己孤獨相處。之後，他終於感受到自己原來害怕獨處，這才感同身受妻子孤單的感覺，因而留下了眼淚。

　　武士在通過沉默之堡考驗後，接下來，他要完成的任務是要進入知識之堡，理解與他人的關係，「需要」與「愛」的差別又是什麼？他必須在此釐清自己是需要茱莉亞？還是愛茱莉亞？武士在此領悟到他只是需要茱莉亞與克斯，而並不愛自己，武士明白如果他不能真正愛自己，則對別人的需要只是對別人的傷害，此時，梅林法師告訴武士：了解到自己知道了什麼，也就是開始愛自己了，武士在知識之堡學會了真正聆聽自己內在的聲音。

　　然後，武士要面對最後也是最艱難考驗，第三個志勇之堡，比前兩個城堡更高聳，並且裡頭有著噴火巨龍，武士當如何迎戰呢？當他發現自己愈是害怕時，這隻龍就變

得愈巨大，後來武士勇敢地一步步往前走，發現這隻龍其實乃是疑懼之龍，而疑慮與畏懼都只是幻象，一直陪伴在武士身旁的鴿子告訴武士：「自知之明可以殺死疑懼之龍」。於是武士逐漸向前逼進，而噴火之龍就變小了，火焰也逐漸熄滅了，武士開心大叫：「我贏了！」但噴火龍說：「我還會再回來的。」武士告訴噴火龍：「你每次來，我就會變得更強壯，而你便會更虛弱。」武士在此學會了以志氣與勇氣殺死最大敵人，也就是存在我們每個人心中的疑慮與畏懼，雖然此時戰勝了，但未來總還是會再面對，那時就是再次接受考驗時刻，但每經考驗自己就更強壯了。

　　武士終於來到「真理之巔」，原先他緊緊抓住岩石，不讓自己掉入深淵，然而，一直陪伴在他身邊的一個聲音「山」告訴武士：「你必須放手。」武士覺得自己快死了，此時，他憶起了這一生與親人相處，總時常怪罪他人，當落入深淵的速度愈來愈快之時，第一次，內心在一瞬間感受到為自己的生命全然負責，放棄所有知道與擁有的東西，而擁抱未知之後，感到無比的自由，也就在此時，武士流下心淚，因心淚的溫度特別高，而融化了最後一塊盔甲，武士從此再也不用束縛在這盔甲之中。

　　在故事結尾，此書卻用了非常令人玩味的四個字做為結尾，即是「**故事開始**」。這意味著當一位旁觀者看著武士經歷過的一切後，作者邀請並鼓勵讀者們便要開始為自己的生命出征。

　　《為自己出征》這個關於武士的故事，其吸引力在於每一個讀者都可讀到與自身生命連結的某一生命課題，例如：面對自身的難題、與他人情感的依附關係、冒險而克服困難、一層一層地看到自我內在等等。武士生命探索過程並非一帆風順的，而是以一種迂迴前進方式，而以鬥士「原型」[6]激勵鼓舞著我們。美國詩人亨利・華茲華斯・朗費羅（Henry Wadsworth Longfellow, 1807-1882）在《生命之歌》（*A Psalm of Life*）這首詩篇裡，即正可以呼應武士故事對我們生命意義的啟發：

　　　　偉人生命總在提醒我們：
　　　　人可以使自己生命崇高。
　　　　啟航－
　　　　在時間之沙上留下足跡，

　　　　足跡－
　　　　或許將會啟發後來他者：
　　　　同樣航行生命壯闊大洋，
　　　　身迷心疲帆破船爛弟兄，

---

[6] 原型是榮格分析心理學所提出，人有四種原型：分別為自性（self）、阿尼瑪（anima）、阿尼瑪斯（animus）以及陰影（shadow）。鬥士的原型可以說是內在男性陽剛的化身，男人明顯展現男子氣概，但也包括女人內在所潛存的男子氣概。參考榮格心理學家卡蘿・皮爾森所著作《內在英雄》一書（*The Hero Within*），徐慎恕、朱侃如、龔卓軍譯，台北：立緒。

看了重整破碎不再頹廢。

且讓我們振奮作為起來—

以接納任何命運之心態；

不斷成就亦然不斷追求，

學習勤勉並且學習等待。[7]

　　在華人歷史上提起英勇氣概的武士代表，相信都會想起項羽[8]，雖然其一生結局讓人不勝唏噓，但他堅持自我的意志，相信自己能夠完成此生滅秦任務，為榮耀家族與獲得勝利而戰。然而，項羽與前述武士一樣，如果只認同自己勇猛戰鬥的一面，只為自己的優越而不斷戰鬥，終究對於回答「我是誰」這一人生課題仍顯得狹隘與偏頗。於是，正如同前述的武士嘗到了苦頭，當得到榮耀後，卻反不知自己是誰了，導致妻兒想要離開他，於是武士乃決定踏上探索旅程，以武士特質冒險犯難，但最後，在真理之巔，只有全然拋棄已知的全部才能夠獲得重生。

　　接下來，我們進入希臘神話裡的英雄旅程。從英雄神話故事裡，尋找自我認同感以及英雄形象以做為我們人格典範，從而在遇到人生挫折時，能夠從中產生某種生命力量以克服困難。

---

[7] Longfellow, H. W. (1861), *Longfellow Poetical Works*, London: Routledge, Warne, & Routledge, P. 7.
[8] 項羽為楚國名將項燕之孫，被譽為中國史上最勇猛將領，自封為西楚霸王。但與劉邦相戰多次後，最後於烏江自刎。

二、生命的抉擇，決定我是誰

阿基里斯讓全體戰士和首領站定位置，
整好隊形，並對他們發表了有力演說：
米爾彌冬人啊，
說你們誰也不會忘記，
當你們被留在快船上，
曾憤怒地對特洛伊人發出威脅，
也嚴厲地譴責著我，
狂暴的佩琉斯之子，
母親用膽汁餵了你，
冷酷的人啊，
你強使我們留待在船隻邊，
我們還不如乾脆乘船返航回國去；
既然你心中的積憤如此難以壓抑，
你們常常這樣聚集議論指責於我，
現在你們渴望的時刻正已經到來，
願人人都勇敢去和特洛伊人拚殺！[9]

《伊利亞特》第16卷

---

[9] Homer (2011), *The Iliad,* London: Harper Collins Publisher, P. 394.

　　在本書的第一章第二節，已對《伊利亞特》中希臘聯軍之第一勇士阿基里斯有過介紹，在這一節將深刻詮釋《伊利亞特》，析論阿基里斯其英雄特質：具有感動他人的理念、過人的能力、以及勇敢果決的性格，並且以有限生命追求不朽名聲。其次，當英雄經歷超乎常人想像情境時，不管當下或是經過思考後做出了選擇與決定，其結果甚至不惜犧牲自己生命，這也就是英雄的命運。亦即英雄的最終命運，實亦來自於其特質。在《伊利亞特》中，神高踞奧林帕斯山上，以自身喜怒與私心干預這場戰爭，無論偉大英雄或渺小人類實都無法擺脫神的捉弄，這就使得身為觀眾的我們，能以全局視角而看到深刻內容，眼睛所看到者皆只是現象，其背後則實有某種干預的力量，這也就是神話故事之發展至悲劇形式，並且也為哲學奠定基礎，即為表象事物尋找其背後之邏各斯（希臘語：λόγος，英語：Logos）。

　　電影《特洛伊：木馬屠城》[10]，將《伊利亞特》描寫的特洛伊戰爭改編拍攝。由影星威廉‧布萊德利‧彼特（William Bradley Pitt, 1963-）飾演阿基里斯，健碩的肌肉、勻稱的身軀、炯炯有神的目光，舉手投足間皆充滿了男性之美，影片裡以上述《伊利亞特》第 16 卷為原型，表現希臘大軍將進攻特洛伊前之場景，阿基里斯帶著一小隊

---

[10]　《特洛伊：木馬屠城》（*Troy*），由沃爾夫岡‧彼得森（Wolfgang Petersen, 1941-　）所執導，2004 年美商華納家庭娛樂公司出版。

士兵搶灘上岸前，英挺矯健站在船頭，神采煥發對士兵精神喊話：

> 勇士們，我的同袍戰友：
> 我願與你們同生共死。
> 我們不只是英勇戰士，
> 我們是無敵雄獅。
> 你們知道沙灘另一邊，
> 有什麼在等著我們嗎？—
> 永垂不朽的傳奇。
> 攻下它，
> 我們將名留千古。

　　士兵們每個人都聽得熱血沸騰，追隨如此將帥，何其榮幸，都想立下彪炳戰功，求取勝利。亙古至今無分東方西方，在戰爭開打前，我們都可看到將軍或統帥振奮士氣的演說。《伊利亞特》裡並沒有記載特洛伊戰爭的起源與結局，只描寫戰爭打到第十年時發生的故事，主軸乃是圍繞著阿基里斯的憤怒，他的憤怒在戰場起了極大影響，《伊利亞特》裡有一段描述阿基里斯的母親海洋女神忒提斯，其實她已預知自己兒子在這場戰役中，必然會喪失生命，故而向宙斯請求，希望能夠改變結局，然而，宙斯卻不願得罪天后赫拉，她是支持希臘這一方的，當然不能少了阿基里斯的助攻。《特洛伊：木馬屠城》電影詮釋阿基

里斯思索是否要參加希臘聯軍攻打特洛伊城，而去詢問其母親意見，海洋女神忒提斯早就預知會有這麼一天，乃遂告訴阿基里斯：

> 我知道會有這一天，
> 早在你出生前我就知道：
> 我知道他們會來找你，
> 要你攻打特洛伊。
> 你留下來能過平靜生活，
> 會找到個好女人、
> 生下很多的小孩，
> 他們將會敬愛你，
> 你走了他們也會記得你；
> 然而，
> 當你子孫後代都不在人世，
> 你的名字就終將會被遺忘。
> 如果你去特洛伊，
> 榮耀將歸屬於你，
> 你偉大的事蹟將流傳千古，
> 世人將永遠記得你的名字；
> 但若你去特洛伊，
> 就將會一去不返，
> 你的榮耀將為你帶來滅亡—
> 我再也見不到你。

　　阿基里斯從母親口中得知自己參戰必死，然而他認知到參加這場戰爭所獲得榮耀比保存生命更有價值，阿基里斯身體裡充滿戰鬥細胞，他絕不願選擇過默默無名的一生，他是英雄，他的母親是海洋女神，父親是色薩利國王佩琉斯，神與人生下的孩子注定是英雄，英雄又怎會選擇像常人般平凡過一生呢？神是不死的，然而英雄不是神：英雄會死，但英雄所留下的事蹟將會被後世傳頌，阿基里斯做了這般生命抉擇，因而決定了自己是誰。英雄不只是血統而已，而是能做出一番作為，即使會給自己帶來死亡。

　　然而，荷馬在《奧德賽》中，卻又讓阿基里斯做出另一番不同選擇。打完特洛伊之戰後，奧德賽要返回家園，路程無比艱難而遇到諸多挑戰，他到冥府詢問忒瑞西阿斯（Tiresias），到底能否平安返回家園？卻恰巧遇到阿基里斯魂靈，奧德賽說：

> 佩琉斯之子阿基里斯，
> 阿開奧斯人的俊傑，
> 我來這裡為尋求忒瑞西阿斯指點，
> 怎樣才能回到崎嶇不平的伊塔卡。
> 須知我至今尚未抵達阿開奧斯人住地，
> 未踏故鄉土，我一直在忍受各種苦難。
> 阿基里斯，過去未來無人比你更幸運：
> 你生時我們阿爾戈斯人敬你如同神明，

現在你在這裡又威武地統治著眾亡靈，

阿基里斯啊，你縱然辭世也不該傷心。

我這樣說完，他立即回答對我這樣說：

光輝的奧德賽，請你莫要安慰我亡故：

我寧願為他人耕種田地，被雇受役使，

縱使是無祖傳地產，家財微薄度日難，

也不想統治即使是所有故去者的亡靈。[11]

　　看到以上阿基里斯談話，讓人不禁大感意外，為何荷馬竟然這般描述阿基里斯心境？以讀者中心閱讀的角度來詮釋，荷馬在《伊利亞特》中所塑造的阿基里斯，乃是願為名流千古榮耀而戰的勇猛形象，直讓做為凡人的我們欽羨；然而，到了《奧德賽》，做為凡人的我們看到一代英雄阿基里斯竟然說出：「我寧願為他人耕種田地，被雇受役使，縱使是無祖傳地產，家財微薄度日難，也不想統治即使是所有故去者的亡靈。」在我們的內心裡便會浮現做為平凡人也是不錯的，連偉大的阿基里斯都寧願選擇在人間做個凡夫俗子，也不願在陰曹地府當個統帥治領亡靈，平凡人雖做不了英雄，總還是可以快樂過生活。再從另一角度理解，荷馬是一位遊吟詩人，在當時圍繞其身邊聽他吟唱神話故事者，多是未受教育的百姓，神話在當時就是一種道德教化功能，一方面塑造英雄與神的故事來陶冶人

---

[11] Homer (2011), *The Odyssey,* London: Harper Collins Publisher, P. 191.

心，讓人有其理想性，但又讓百姓感受到英雄也會羨慕我們平凡人的生活，顧及平凡人的現實性，而起到撫慰作用。

在《伊利亞特》裡，英雄人物並非只有阿基里斯，還有一位英雄人物便是特洛伊王子赫克托（Hector），他並不是神與人所生（在神話中，神與人結合所生的孩子，稱之為英雄），他就是人類，但卻絕對值得被稱之為英雄，他將人類最好的一面發揮到極致，尊敬父王、捍衛自己的國家，熱愛妻小，愛護士兵，在戰場上有謀略，與希臘聯軍作戰，勇猛無比：

> 赫克托一看見阿伽門農退出戰鬥，
> 便對特洛伊人和呂西亞人大聲呼喊：
> 特洛伊人、呂西亞人和善近戰的達爾達尼亞人，
> 朋友們，振作起來，振奮起勇敢精神！
> 最驍勇的人離開了，
> 克羅諾斯之子宙斯賜給我巨大的希望，
> 驅策你們的長鬃馬
> 衝向強大的阿開奧斯人，更勇猛廝殺！
> 他這樣說，鼓起了每個人勇氣和力量。
> 有如獵人催促白牙裸露的獵狗，
> 前去追擊兇猛的野豬和強暴的獅子，
> 嗜血的阿瑞斯般的赫克托也這樣
> 激勵高傲的特洛伊人向阿開奧斯人衝擊

他自己則鬥志高昂來到陣線前列
衝進戰渦，有如一股高旋的風暴，
那風暴掀起巨浪而攪亂昏沉海面，
宙斯贈給普里阿摩斯之子赫克托榮譽。[12]

　　無論阿基里斯或是赫克托，兩位英雄都在向我們展現其勇於面對內心的召喚，阿基里斯面對的是一場將會流傳千古的戰役，以有限身軀換取無限榮耀，聽從內心召喚參加戰役。而赫克托面臨希臘聯軍攻打特洛伊，身為特洛伊王子，保家衛國的召喚讓他毫無畏懼在戰場上奮力殺敵。在與阿基里斯決鬥時，面對如此強大具有神血統的敵人，無所謂畏懼地對阿基里斯這樣說：

佩琉斯之子，我不再逃避你，
像剛才繞行普里阿摩斯的都城三遭不停步。
現在心靈吩咐我停下來和你拼搏—
或是我得勝把你殺死，或是你殺我。
但不妨讓我們敬請神明前來作證，
神明能最好地監督和維護我們的誓言：
如果宙斯讓我獲勝，把你殺死，
我不會汙辱你的軀體，儘管你殘忍，

---

[12] Homer (2011), *The Iliad,* London: Harper Collins Publisher, P. 264.

> 阿基里斯我只剩下你那副輝煌的鎧甲
> 屍體交給阿開奧斯人，你也要這樣待我。[13]

　　相信做為觀看神話故事的我們，從外在的戰爭與決鬥場面裡，都會將自身投射到人物之中，讓心靈得到生命勇氣的洗滌。同時身為觀看者，又能得到某種整體觀：人既渺小又偉大，英雄人物的故事委實弔詭，總有諸神在背後操控著人無法抗拒的命運。

三、起航歸鄉旅程，意志克服磨難

> 他現在忍受著極大的苦難，
> 於一座海島，在神女洞府，
> 神女卡呂普索強逼他留下，
> 無法如願歸返回故土家園，
> 因為他既沒有帶槳的船隻，
> 也沒有同伴能幫忙著送他——
> 成功渡過大海的寬闊脊背。

> 《奧德賽》第 5 卷[14]

---

[13] Homer (2011), *The Iliad,* London: Harper Collins Publisher, P. 540-541.

[14] Homer (2011), *The Odyssey*, London: Harper Press, P. 84.

在《伊利亞特》裡，有一人物似乎並不突出，然而在關鍵時刻總有其身影出現，此人就是伊塔卡王奧德賽（Odyssey），他的名字被永遠記住，因為就是他想出木馬計，使得希臘聯軍可以攻破特洛伊城。在《奧德賽》裡，荷馬是這樣敘說的：

> 睿智的奧德賽對得摩多科斯這樣說：
> 得摩多科斯，我敬你高於一切凡人。
> 是宙斯女兒謬斯或是阿波羅教會你
> 非常精妙地歌唱了阿開奧斯人事蹟，
> 阿開奧斯人所作所為所承受的苦難
> 有如你所親身經歷或是聽他人敘說。
> 現在請換個題目，歌唱木馬的故事，
> 那是埃佩奧斯在雅典娜幫助下製造，
> 神樣的奧德賽把那匹計謀馬送進城，
> 裡面藏著許多英雄，摧毀了特洛伊。……
> 那高大的木馬裡面藏著阿爾戈斯人，
> 傑出英雄給特洛伊帶來屠殺和滅亡，
> 他歌唱阿開奧斯子弟怎樣衝進城，
> 他們爬出木馬離開藏身的空馬腹，
> 他歌唱他們到處摧毀巍峨的城池，
> 奧德賽直衝向得伊福波斯的宮邸。[15]

---

[15] Homer (2011), *The Odyssey*, London: Harper Press, P. 139.

　　希臘聯軍攻打特洛伊的戰爭打了十年結束後，希臘聯軍陸續返回各城邦，雅典娜請求宙斯與諸神准予已經離家十年的奧德賽返回家園，諸神終於決定讓他回家，奧德賽於是踏上啟程之路。然而，這一返鄉之旅卻又再歷經十年，對妻兒與故土的思念及旅程中種種艱難，一再考驗一個國王身心能否承受，以及是否最終能夠回到故鄉與妻兒相聚。《奧德賽》即是敘說此一故事。

　　在奧德賽家鄉伊塔卡，許多王公貴侯向奧德賽妻子佩涅洛佩（Penelope）求婚，並終日在奧德賽宮殿裡飲酒作樂，盡情揮霍他的家產。但佩涅洛佩忠於自己丈夫，以要為奧德賽雙親織衣為事由，許諾織完後便可改嫁，於是她乃白天織衣晚上拆線，以此而讓婚事遲遲無法進行。

　　當奧德賽啟程後在海上遇到大風暴，許多人因此遇難，他與殘存士兵們被風暴吹襲至神女卡呂普索（Calypso）之島，她款待他們，給他們吃各種美味神食，而使得奧德賽與士兵們都忘了此行目的乃是要回家。在島上生活數年後，宙斯乃派信使荷米斯（Hermes）讓卡呂普索放奧德賽回家。卡呂普索依依不捨送給奧德賽溫和的順風，讓他能夠揚帆離去。奧德賽在海上順利地航行十七天後，被波塞頓發現了，而將他們的船隻擊碎，奧德賽奮力抓住殘木以逃避死亡結局，任由巨浪擺布著，他奮力游到一個河口請求河神幫忙，雅典娜始終護衛著他，幫助他來到費埃克斯（Phaeacia）國土。當時公主瑙希卡雅（Nausicaa）與女婢在岸邊玩耍洗衣，遇見漂浮上岸的奧德賽，公主便將他帶

回王宮，國王熱情地款待他。荷馬在《奧德賽》中，都是詠嘆「足智多謀奧德賽」，且看奧德賽如何親口述說自己的遭遇：

> 奧林帕斯眾神明給我那麼許多苦難，
> 不過對你的詢問，我仍將直率回答：
> 有一座海島路遙遙，名叫奧古吉埃，
> 阿特拉斯的多謀女兒卡呂普索住那裡。
> 她一頭秀髮，可畏的神女，
> 任何天神和有死的凡人均與她無往來，
> 但神明卻唯獨把不幸的我送到她那裡。
> 當宙斯用轟鳴的閃光霹靂，
> 向我的快船發動猛烈攻擊，
> 把它擊碎在酒色的大海裡，
> 我的所有傑出同伴喪失了性命。
> 只有我雙手牢牢抱住翹尾船的龍骨，
> 漂流了九天，直到第十天黑夜降臨。
> 神明們把我送到海島奧古吉埃，
> 就是可畏的神女，美髮的卡呂普索居地，
> 她把我救起，溫存地照應我的飲食起居，
> 答應讓我長生不老，永遠不衰朽，
> 但她始終改變不了我的胸中心意。
> 我在那裡七年困留，時時把淚流，
> 沾濕了卡呂普索贈我的件件神衣。

光陰流逝，待到第八個年頭來臨，

她突然把我勸說，要我迅速歸返。

不知是宙斯的旨意，

還是她改變了主意，

她讓我乘上堅固筏船，

並給我送來許多物品，

有食物、甜酒和神明的衣服，

還送給我一陣溫暖順向氣流。

我在海上十七個晝夜，不斷的航行，

第十八天時終於顯現在你們的國土，

陰影層疊的山巒，令不幸的我歡欣。

但我注定還是得要忍受許多不幸，

全是震地神波塞頓把他遣送給我，

他鼓起各種狂風阻擋我前進道路，

把無邊大海不停翻動波濤，

迫使我無法乘筏繼續航行，

我大聲嗟怨。[16]

　　看完以上奧德賽的經歷，我們試問自己，若是被無法掌控的海上惡劣氣候丟擲在一座仙島，那裡的神女讓我們吃穿無憂，並且還許諾可以「長生不老，永不衰朽」，我們還想要離開嗎？許多人大概都會選擇不再離開，這兒簡直

---

[16] Homer (2011), *The Odyssey*, London: Harper Press, PP. 120-138.

就是來到了天堂。然而，這般安逸舒適環境並沒有讓奧德賽喪失堅定返鄉的心智，這個考驗不是一天兩天，荷馬說的是七年，沒有強大的心志力量，早就將原初返家的目標丟諸腦後了。雖然，奧德賽得以離開，靠的是神的幫助，但個人意志在這裡起了非常勵志的教化意義。

　　接下來，我們看看荷馬所稱許為足智多謀的奧德賽，是如何在各種情境下展現其冷靜與智謀。首先，前述攻陷特洛伊城的木馬計，即是出自於奧德賽為希臘聯軍獻計。其次，最廣為人知的就是奧德賽抵抗塞王（Siren）女妖的歌聲，在《奧德賽》第 12 卷，描述魔女基爾克（Circe）提醒奧德賽，當經過塞王女妖地盤，要如何避免像其他船隻經過時，聽到塞王女妖優美歌聲後便喪失心智，而成為其盤中飧。奧德賽謹記在心，在即將航行到塞王女妖地盤時，奧德賽與同伴們共同用蜂蠟塞住耳朵，若忍不住想聽傳說中的優美歌聲，可讓同伴將你綑綁在船桅支架上，若懇求同伴鬆綁，則要更牢固地綁緊。Herbert James Draper 的《奧德賽與塞王女妖》（圖 3-1）畫作便是將此驚險畫面逼真刻劃。

↑圖 3-1　奧德賽與塞壬女妖[17]

　　奧德賽面臨路途中種種險阻處境，雖有宙斯與雅典娜護佑，卻也有波塞頓與阿波羅之記恨前仇，因為奧德賽刺瞎波塞頓兒子成為獨眼巨人，又宰殺了阿波羅喜歡的牛，於是這兩位神給足了奧德賽苦頭吃，然而每當他身處絕境時，都始終堅持奮力抵抗。《奧德賽》從第 5 卷至 12 卷即是述說奧德賽所經歷種種險難，帶領讀者一同進入奇幻旅程，我們深知若換成是自己將會是多麼脆弱不堪，當我們看著奧德賽經歷巨大痛苦，一方面心生同情，同時也療癒

[17] Herbert James Draper（1863- 1920）作品。收藏於赫爾，法倫斯美術館。

了自身－現實生活中所面臨困境實在微不足道。

　　奧德賽離家二十載，他的妻子被一群人求婚，兒子可能早已遺忘了他，最後他當如何與妻兒團聚呢？《奧德賽》第 13 卷至 24 卷，即描述他先與兒子重逢，父子再一起謀策，奧德賽佯裝成乞丐，混進自己家園，讓所有人都認不出主人已返家，有一天當妻子與眾求婚者同在時，他與兒子共同作戰，對兒子說：

> 特勒馬科斯，
> 你如今身臨重要時刻：
> 人們奮勇作戰，爭取超群榮譽，
> 你當切切不可辱沒祖輩的榮耀－
> 他們在往日
> 一向以英勇威武揚名整個大地。[18]

　　而奧德賽自己則奮力揮臂擲出長矛，擊潰向妻子求婚者，在雅典娜的護佑與見證下，奧德賽與妻兒最終一家團聚。

　　以上我們以《為自己出征》之武士如何通過三個城堡考驗，體察到重新認識自己生命的意義，並透過《伊利亞特》與《奧德賽》中人物，闡發英雄如何選擇自己要走的道路，外在有多嚴厲挑戰，內心就得有多堅強心志。或許

---

[18] Homer (2011), *The Odyssey*, London: Harper Press, PP. 374.

有人會說那是「神話」故事，英雄都有神的護佑，連《為自己出征》之武士都有「山」、「梅林法師」與小動物幫助他，我們常人沒有神的幫助以解決生命難題。若從這種角度看故事，當闔上了書，我們不可能得到成長，而只會繼續過著慣習不察的日子，仍舊抱怨命運不公，依然被生命中種種人生課題困住而找不到出路。反之，若能吸納以上故事之精髓：英雄踏上冒險之路正是給了自己一個路標，我們也可以放棄固定思維模式，而走向成長型思維模式的生命道路。神話故事裡的神，在我們的情境裡可以化而成為：透過學習得到的觀念或是內心中理性的聲音，讓我們可以克服困難鼓舞意志前進，而不是讓情緒主導自身。我們的生命依舊需要神話故事，因為流傳下來的神話故事裡有著我們全人類的集體潛意識，在不同文化與不同地域，皆有著相似的原始意象，總是有著力大無比的力士，指點迷津的智者、勇敢冒險的英雄，神話實皆具普遍性象徵意義，而能做為我們發現自我人生課題的嚮導，並且成為生命道路的指引路標。

第四章

|學習愛，遇見更完整的自己|

愛的威力是完整、多方面、強大的，

甚至可說是無所不包的，

但唯有愛在神與人之間運作是公正、節制的，

並且以善為目的時，愛才能成為最偉大力量。

愛賜給我們幸福與和諧，

讓我們與他人結為朋友，

也與天上諸神友好。

厄律克西馬庫（Eryximachus）[1]

一、認識自己，接納他人，豐富彼此

柏拉圖在《饗宴》[2]中曾敘述：悲劇作家阿里斯托芬

---

[1] Plato (1991), *The Dialogues of Plato, Volume 2: The Symposium*, translated by R.E. Allen, London: Yale University Press, 188d.

[2] 見 Plato (1991), *The Dialogues of Plato, Volume 2: The Symposium*, translated by R. E. Allen, London: Yale University Press, 189e-191d。

（Aristophanes）描述人是尋求與自己相合的另一半。阿里斯托芬說：最初，人長得是球形，有四隻手與四隻腳，有兩張一模一樣的臉，但是，兩張臉朝向前後不一樣的地方，身體其他各組成部分也都是雙數的，行走時可以任意走動。人有三種性別，男人是太陽所生，女人是大地所生，而陰陽人則是月亮所生。

　　人曾經想要飛上天庭造反，宙斯與諸神想著如果把人類都殺光，就沒有人獻祭，但又不能容忍人類不敬。於是，宙斯想出了一個對付人類的辦法，既可以懲罰到人類，又不致於毀滅人類，就是把人都劈成兩半，這樣做，每個人的力量都被削弱了，並且數目增加，就有更多的人奉祀神，人以後就用兩條腿走路，若是敢再搗亂，就把他們再劈成兩半，讓人只剩一條腿走路。

　　接著，宙斯便像切蘋果一樣把人切成兩半，然後叫阿波羅把人的臉反轉過來，讓他們看見自己切開的那一半，讓人感到恐懼而不敢再造反。最後再讓阿波羅將他們傷口治好，我們現在身體的肚臍就是阿波羅把切開的皮膚從兩邊拉到中間，然後用繩子打上一個結，周圍留有一些皺褶，做為提醒人類曾經受過的苦。

　　至此之後，每個被劈成兩半的人都非常想念自己的另一半，總希望找到對方，相互擁抱而再也不肯分開，不想吃東西也不想做任何事。如此時間一久，就開始有些人死了。當人的另一半若還是活著，就會繼續到處尋找。當碰上了其另一半，不管是半個女人或半個男人，又會發生另

一半死去，結果人類因此逐漸減少而邁向群體滅亡。

　　後來，宙斯看著人類逐漸愈來愈少突然覺得不忍心，於是，他又想出一個辦法，把人的生殖器移到前面來，讓人通過男女之結合而誕生下一代。之前，人的生殖器是在後面的，人是將卵下在土裡的。如今，若一男一女結合，他們便可生出下一代，若是兩個男人、兩個女人、或陰陽人間結合，他們也可得到情感上的滿足。人與人之相愛，不斷尋求與他人融合，就是從這裡開始的，我們每個人乃都不斷地尋找與自己相合的另一半。

　　以上人對自己另一半苦苦追尋的神話故事，是柏拉圖《饗宴》所傳誦下來的。接著，我們來看以下這一則愛情神話，這個神話故事告訴我們人渴望尋求另一半，但若是不認識自己，便無法回應他人，無法與他人建立連結關係。以自我為中心而看不見他人，終將為自己帶來悲劇。

　　在《變形記》[3]中描述河神克菲索斯（Cephissus）與精靈女神利里奧佩（Liriope）生下一個兒子，他打一出生便長得非常俊美，任何人看到他的容貌，都會讚嘆不已，於是，便把他取名為納西瑟斯（Narcissus）。利里奧佩向一位預言家詢問兒子未來的命運為何？是否能夠安享天年？結果，預言家回答：這不是什麼難事，只要他不知道自己即可。但他若知道自己是誰，就無法安享天年了嗎？這個預言真讓人感到迷惑。

---

[3]　見 Naso, P. O.（1998），《變形記》（*Metamorphoseon*），呂健忠譯，台北：書林，頁 70-72。

　　當納西瑟斯到了十六歲時，他那俊美的容貌讓許多少
男少女見到了他，都情不自禁愛上他；但是，納西瑟斯非
常高傲，都不肯讓人靠近他。有一天納西瑟斯在森林裡追
趕一隻小鹿，被森林裡一位名叫愛可（echo）的精靈看
見，當愛可只有一個人時候無法自己發聲說話，只有在別
人說話後才會重複著別人的聲音，所以，她只能等著別人
說話，然後跟著別人說一樣的話。之所以會這樣，是因她
為了幫助宙斯而謊騙天后赫拉，結果赫拉便懲罰她變成只
能重複別人所說的話，而且只有尾聲。當愛可看見納西瑟
斯，便無法自拔地愛上他，但卻總是無法接近納西瑟斯。
（圖 4-1）

圖 4-1　愛可與納西瑟斯[4]

---

[4]　John William Waterhouse（1849 - 1917），收藏於利物浦沃克美
術館。

　　後來，有一天納西瑟斯在森林裡呼喊著：「在這兒可有人？」愛可重複末句：「有人。」納西瑟斯被這聲音嚇到說：「如果有人，就出來吧！」愛可又重複末句：「就出來吧！」愛可終於忍不住跑出來擁抱納西瑟斯，納西瑟斯卻奮力甩開愛可，並說：「放開手，我才不想被你擁抱。」愛可又再重複著：「想被你擁抱。」面對納西瑟斯的羞辱，愛可只好躲回樹林裡，用樹葉遮起自己的臉，再也不敢出來了。可是她對納西瑟斯的愛卻一天比一天強烈，直讓她痛苦不堪，後來，她美麗的臉龐萎縮了，最終化為灰燼，從此之後，森林裡再也沒有出現愛可精靈，然而，仍有許多人說，還是曾在森林裡聽到過愛可的聲音。

　　納西瑟斯總讓追求他的人傷透了心，有一天，一個同樣遭受過納西瑟斯冷落的人決定要報復他，於是，便向上天祈禱說：「我請求上天讓納西瑟斯愛上一個人，而不要成全他們，讓納西瑟斯也感受愛不到的痛苦。」這個祈禱被義憤女神涅墨西斯（Nemesis）聽到，她決定回應此祈禱，對狂妄自大的人施以天譴。涅墨西斯決定讓納西瑟斯在一個池塘喝水時，看見自己的臉龐，他被這個輪廓所深深吸引，無法自拔愛上水中的自己倒影，當他笑時，水中倒影也投以微笑，但當他俯身貼近水面，正要親吻那唇，結果那臉龐卻化為漣漪消失了，等他身體向後退去，影像又恢復了。他點頭，影像也點頭，他說話，卻聽不到影像說話，納西瑟斯終於發現水中影像正是自己的倒影，「這可怎麼辦？我愛的是我自己，我永得不到這水中影像自我

的愛。」痛苦、悲傷與絕望侵蝕著他：

　　啊！我認出了你－終於認識我自己，
　　我慾火焚身愛上的一個人是我自己，
　　煽風點火把我燒焦的人就是我自己。
　　怎麼辦？我該追求還是被追？我為何求愛？
　　我的愛人就是我自己，我的富足使我窮困。
　　我要是能夠身心分離該要有多好！
　　但願我的心上人並不在我的身上！
　　戀愛中的人有這樣奇怪的心願嗎？
　　我的悲愁正在不斷消磨我的精力，
　　生命快到盡頭，我已來不及享受青春，
　　死亡並不恐怖，因它會根治我的心痛，
　　本來我深愛他，我希望他能活久一點，
　　然而事到如今，讓我們二合一殉情吧！
　　他悲痛欲絕，
　　再度轉向水中影像，淚滴引發起波紋，
　　他看著影像變模糊，池中人快速消逝，
　　痛苦叫道你別急著走啊－拜託留下來！
　　你不能這麼狠心拋棄我－我那麼愛你！
　　我摸不到你！
　　讓我永遠凝視你，填飽我不幸的熱情。[5]

---

[5] 見 Naso, P. O.（1998），《變形記》（*Metamorphoseon*），呂健忠譯，台北：書林，頁 73-74。

　　納西瑟斯在痛苦中，俊美容顏逐漸消失，而對水中影像說：「你這無情的東西。」此時又出現愛可回音：「無情的東西。」納西瑟斯說：「別了。」愛可也回音：「別了。」最後，納西瑟斯終於無力地躺在草地閉上了雙眼，諸神們看著他這麼美的身體，便決定讓他變成白色花瓣與黃色雌蕊的花，即水仙花（Narcissus）。

　　這則愛情神話故事最終以悲劇收場，從其中我們能看到情感路上的怎般指引路標呢？首先，納西瑟斯得天獨厚的俊美外表，並非來自於對自身的認識，而是從別人讚嘆眼光中反饋回來，認為別人永遠總是傾慕自己，因而高高在上，睥睨傾慕自己的人。他輕視他人而終究招來詛咒，他的世界只有自己而沒有別人，只有自己喜怒，對他人感受則視若無睹，在這個世界畫出了狹隘的自我界線，既走不出自己所畫界線，也不讓別人走進他的世界。

　　如此生命狀態終究會有遇上考驗時候，因他從不曾認識自己，一看到湖中自己倒影，竟然以為是別人，便如同愛慕他的人一般，瘋狂地為此俊美容貌著迷而不得自拔。他的痛苦係來自於想要有一外在對象與自己締結關係，結果卻只是自己愛上自己，就像總一人獨舞而渴望跳雙人舞，或是弓弦渴望著與琴之摩擦以拉奏出和諧樂曲，然而卻永遠實現不了。當我們只是瘋狂地被一個虛幻對象深深吸引時，這是愛嗎？我們需要對愛的本質進行理解，學習在與他人關係中保有並精進對自我之理解，並且雙方共同成長而讓彼此朝向完美。接著我們來看以下故事，理解愛

是豐盈彼此並追求智慧的。

在《饗宴》裡談到「愛」是如何產生的，其中故事是這樣的：美與愛之神阿芙蘿黛蒂（Aphrodite）誕生時，諸神大肆慶祝，豐饒之神也來參加，匱乏之神則不得其門而入，當匱乏之神看到豐饒之神醉醺醺走到宙斯花園裡不支倒地睡去時，匱乏之神立刻見機行事，躺在豐饒之神身旁而懷孕生下了「愛」。「愛」生性愛美，後來「愛」就服侍阿芙蘿黛蒂，因她就是美自身。

由於「愛」是豐饒之神與匱乏之神之子，因此貧困匱乏會一直在他身上，「愛」並非我們所想像的容貌姣好樣子，而是其貌不揚。他不但繼承了母親的匱乏，也繼承了父親的豐饒，他精力旺盛地求美求善，他活力十足並追求聰明智慧，他可以在一天之內有多重變化，有時「愛」得到了正想要的東西才乍感豐盈，卻又立刻消亡失落而覺得匱乏，但隨即又可再度從其父親所遺傳稟賦裡而獲得豐富滿足。因為「愛」是豐饒神與匱乏神之結合所產出，因此，「愛」正是處在困乏無知與豐盈智慧之中間狀態。「愛」總喜歡追求美，而智慧乃是事物中最美的，故「愛」必追求智慧。[6]

由以上故事啟發，我們體察到納西瑟斯總認為自己就是最美最好的了，他從別人身上看不到美，並且不能回應

---

[6] 見 Plato (1991), *The Dialogues of Plato, Volume 2: The Symposium*, translated by R. E. Allen, London: Yale University Press, 203a - 203e。

別人對其傾慕，因此他停止追求美，停止追求智慧。當他看到湖中自己的倒影，結果愛上的只是原原本本貧困的自己、沒有能量的自己，他不肯接納外來他人所傾注進入的一切美好，而讓自己有更充實豐富之可能，最終仍然只是抓緊那一抓住就破碎的自我虛影走向消亡。愛可的情況則是不認識自己，只追隨別人的聲音，她是一種沒有自己的貧困，而納西瑟斯則是自戀到拒絕追求自身以外的美好，來豐富自己，當他給出情感時也只是給予湖中虛幻的自我倒影。所以，當總是自認匱乏而貧困的愛可『愛上』總是自認豐饒而貧困的納西瑟斯，在這種慾望的情感裡，是沒有愛在其中的，因此並沒能讓他們朝向豐富與智慧，而真正的愛則會讓我們由不完美朝向成為完美。愛可只能回應外在的聲音，納西瑟斯則是不認識自己，其令人唏噓的結局在於，他們只有貧困空乏，而無法相互滋養並一同朝向豐富完滿。

二、放手失去的愛，讓彼此自由

> 一切行為就其本身來說並無好壞之分，
> 好比我們現在做的事就是無所謂好壞，
> 喝酒、唱歌、說話本身也並不包含任何德行，
> 因為每種行為的結果取決於他是如何實踐的。
> 實踐的方式正確做得好，則這行為就是好的，

　　但若實踐做得不好，那麼這個行為就是壞的。

　　這個道理也適用於愛：

　　因為值得敬重的和高尚的，並不是愛這個行為本
　　身，而是驅使人高尚地去愛，這個愛神才是值得讚
　　頌的。[7]

　　若我們有幸遇到能夠彼此相知相惜的另一半，這是多
麼難得的事，然而若是擁有之後卻又失去，我們該如何自
處？得到甜美果實卻在最後幻化成痛苦，在情感過程中，
不幸走上了得到後又失去的道路時，從神話裡可以得到什
麼樣的指引路標？以下我們結合「尋找金羊毛」[8]與「美
狄亞」（Medea）[9]兩個神話故事一起來看：當兩人相愛並
共同度過許多難關後，美狄亞卻遭到愛人遺棄，並做出玉
石俱焚的慘烈行動，該如何省思此神話故事所給出的指
引。

　　希臘國王阿塔瑪斯（Athamas）已有了皇后，並生下
一女叫赫蕾（Helle）與一子叫弗瑞科索斯（Phrixus），後

---

[7] 見 Plato (1991), *The Dialogues of Plato, Volume 2: The Symposium*, translated by R. E. Allen, London: Yale University Press, 180e-181a。

[8] Hamilton, E. (1953), *Mytholody*, Calcutta: Vidyodaya Library Private Limited, P.117-130.

[9] 見 Naso, P. O.（1998），《變形記》（*Metamorphoseon*），呂健忠譯，台北：書林，頁 171-184。

來，國王喜歡上別人，決定另娶伊諾（Ino）並趕走了皇后。伊諾怕前王后所生的兒子弗瑞科索斯繼位，會對自己不利，乃故意設計讓國內發生飢荒，並且收買神殿祭司變造神諭，告知天下，要解決飢荒的唯一辦法就是殺了王子。人民無法忍受飢荒，遂請求國王殺王子來獻祭，國王迫於無奈，只好決定殺了自己兒子來平息眾怒。

宙斯知道後，派荷米斯出手幫助，於是，荷米斯派出了一隻會飛的金羊來載走這姊弟倆，赫蕾不幸從羊背上滑落而掉入大海淹死，弗瑞科索斯幸運地抵達柯爾基斯（Colchis），柯爾基斯國王還把自己女兒嫁給了弗瑞科索斯，弗瑞科索斯為答謝宙斯相救，竟殺了金羊獻給宙斯，並將羊毛取下送給柯爾基斯國王。

弗瑞科索斯另有一個叔叔，也是希臘的某一個國王，但王位卻被其姪子佩里阿斯（Pelias）奪走，弗瑞科索斯的叔叔早就將自己的兒子伊阿宋（Easun）先送到安全地方藏起來，以等待將來奪回王位。而佩里阿斯也得到神諭，將會死於親人之手，故也處處防範。等到伊阿宋長大成人後，果然回來向佩里阿斯討回王位。於是，佩里阿斯想出一個辦法，可以讓伊阿宋有去無回，他向伊阿宋說：弗瑞科索斯死前曾讓我們去要回金羊毛，帶著金羊毛回到希臘，我現在做不了這個事，如果你真能帶著金羊毛回來，我便將王位還給你。」心裡卻是想著：「如此伊阿宋一定回不來了。」

結果，伊阿宋決定接下此任務，並且傳遍這個消息，

當各路英雄豪傑知道後，都願意一起來參與這個任務，同時，請求宙斯賜給他們力量，保佑旅程順利並能平安返回。

於是，他們搭乘阿果號出航，在海上經歷了數次險難，如同奧德賽返航過程般。最終來到了金羊毛所在之地，即柯爾基斯國。此時，在奧林帕斯山上諸神，尤其是赫拉非常擔心伊阿宋一行人能否平安完成任務，於是拜託阿芙蘿黛蒂想想對策，結果決定派邱比特施展魔力，讓柯爾基斯國公主美狄亞愛上伊阿宋。邱比特馬上拿起弓箭，從奧林帕斯山出發，飛抵柯爾基斯國。

邱比特往美狄亞心口射了一箭，然後當她看見伊阿宋之後，在心裡燃起了濃濃愛意，又甜蜜卻又感羞愧，怎會被一個陌生人吸引到如此無法自拔呢？她自言自語說著：

> 別掙扎了，美狄亞，沒用的，
> 必定是哪個天神跟你過意不去，
> 這就是人家說的愛，錯不了的。
> 要不然，我怎會認為父王設下的條件太嚴苛？
> 真的太嚴苛了。我跟他只有一面之緣，
> 要不是愛上他，我怎會這麼擔心著他的死活，
> 什麼事情讓我怕成這樣子？
> 想想自己，真是不中用！
> 那一股火熱的處女情一定要消滅 -
> 如果辦得到的話，這一來我的心病就可治好。

可是一股不知哪來的力量一直在推我，
慾望和理智在拔河。[10]

　　美狄亞對伊阿宋深深著迷，她決不會看著她喜歡的人
被父親的計謀害死，美狄亞決定幫助伊阿宋。心想：「幫
助伊阿宋之後，得到他的感謝，將會嫁給他，成為他的妻
子，跟他回到希臘，即使路途上會遇到許多危險，但我一
定都可以一一克服。」只是，親情的力量又讓美狄亞暫時
卻步了。

　　後來，美狄亞獨自來
到赫卡緹祭台，原以為自
己心意已決，為了親情而
放棄幫助伊阿宋。但怎料
卻看見伊阿宋也來到這
裡，那內心本來剩下的一
點點星星之火，竟突然遇
上一陣鼓吹之風，快速地
燃燒了起來。當伊阿宋看
見美狄亞，也請求她的協
助，並且對天發誓，若是

▲圖 4-2　伊阿宋與美狄亞[11]

---

[10] 見 Naso, P. O. （1998），《變形記》（*Metamorphoseon*），呂健
　　忠譯，台北：書林，頁 171。

[11] 英國新古典主義畫家 John William Waterhouse（1849-1917），
　　於 1907 年所畫。134×107 公分，私人收藏。

成功了，必將娶她為妻。美狄亞對伊阿宋說：「我是為了愛才幫你的，你一定要實現你的諾言。」於是，便把曾經施過魔法的魔草交給了伊阿宋，身上塗上此魔草就將得到保護，與火牛、龍牙生出的武士決鬥時都不會受傷，也告訴伊阿宋一個祕密：「如果到最後與眾多武士決鬥時，只須朝他們中間扔一塊石頭，他們便會自相殘殺，你便將獲得勝利。」於是，正如美狄亞所預言結果，伊阿宋在隔天決鬥中如英雄般獲勝，順利取得金羊毛，並且還多取得一項戰利品－便是美狄亞，一行人準備返航。

之後，伊阿宋還向美狄亞再度請求一件事，就是幫助他父親回復青春，相信美狄亞一定可以經由魔法幫他父親變回年輕。美狄亞先前既已用過魔法，這次當然也就拒絕不了愛人的要求，於是，她便採集藥草，加上種種材料，如：

> 開採的靈玉以及歷經海洋沖刷的細沙，
> 再加入滿月光華之下採集的白霜，
> 夜梟的帶肉翅膀和有能力變形自如的狼人內臟，
> 還有基尼普斯水蛇的鱗皮、長生鹿的肝、
> 九世烏鴉的蛋跟頭，另外還有成千上百不知名的東西。[12]

---

[12] 見 Naso, P. O.（1998），《變形記》（*Metamorphoseon*），呂健忠譯，台北：書林，頁 179-180。

　　將以上東西在鍋子裡攪拌，慢慢長出葉子，熬煉出回陽露，然後將伊阿宋父親割破喉嚨、放乾血液，再由傷口灌注入回陽露，於是伊阿宋父親白髮轉黑，容光煥發地清醒過來而回復年輕。

　　美狄亞下一步便是幫伊阿宋復仇，她謊稱與伊阿宋失和，來到佩里阿斯，此時佩里阿斯國王已老，由其女兒負責接待，美狄亞敘說了她如何幫助伊阿宋父親返老還童，佩里阿斯國王的女兒聽了也想這麼做。美狄亞就當著兩位公主面前將一隻老山羊割斷喉嚨，再把屍體丟進鍋裡，當加入返老還童靈汁後，就變回成為一隻活生生的小山羊。於是，兩位公主乃急迫地也想讓自己父王變年輕。美狄亞幫她們準備一口大鍋子，裝滿了熱滾滾的水，聲稱裡面會倒入返老還童靈汁（其實並沒有），然後要公主趁著父王熟睡時，將其喉嚨切開，再將屍體丟入鍋中。兩位公主雖覺得不忍心，但還是聽從了美狄亞之言，等到她們發現自己竟然親自把父王殺害，美狄亞早已離開，兩位公主這才驚恐知曉原來中計了。美狄亞遂終於幫伊阿宋完成報仇。

　　後來，美狄亞與伊阿宋去到柯林斯國，並生下了兩個兒子，美狄亞雖離鄉背井跟著伊阿宋，但她覺得一切都值得。由於伊阿宋是著名的英雄，柯林斯國王很欣賞他，決定將女兒嫁給他。結果，伊阿宋竟然答允，心想如果娶了公主，將來就有可能統治柯林斯，權力慾望深深攫獲了他，而將美狄亞的愛情與恩情全拋諸腦後。伊阿宋如實告訴美狄亞，他將迎娶柯林斯公主，而柯林斯國王則轉告美

狄亞說，為了保護公主而必須流放美狄亞與她的兩個兒子。

此時，美狄亞看著伊阿宋，伊阿宋只無情地說他也無能為力，他也有勸說柯林斯國王讓美狄亞留下來，但柯林斯國王不願意。美狄亞想到她對伊阿宋的狂愛與願意為他做任何事情，包括當初為了跟著他離開，殺害了阻止她離開的兄弟，還有殺了佩里阿斯國王，她無情地殺了別人，現在卻換來伊阿宋無情對待。這一刻起，她決定展開報復。

美狄亞送給伊阿宋未來的妻子一件禮物－含有劇毒的新衣，當柯林斯公主開心地收下這件禮物並穿上它後，立刻全身被火焰燃燒至屍骨無存。接著，美狄亞不願見到自己的兩個兒子未來受屈辱而活，於是，她變成了狠毒母親，手刃自己的孩兒。當伊阿宋決定要殺美狄亞時，美狄亞早已乘駕著由泰坦神族之血所生之飛龍車揚長而去，獨留下不斷咒罵美狄亞的伊阿宋。

以上故事同樣以悲劇收場，愛可與納西瑟斯是尚未彼此相愛，而美狄亞與伊阿宋則是愛上彼此，曾共患難，也擁有兩個孩子，美狄亞自愛上伊阿宋後，一直使用魔法幫助伊阿宋，讓伊阿宋在危險戰鬥中全身而退，以魔草幫助伊阿宋父親返老還童，殘暴地用計讓佩里阿斯國王被自己女兒殺死，而後，伊阿宋竟然為了權力，而要拋棄一路上幫助自己的愛人，讓美狄亞陷入絕望之中。

佛洛姆在《愛的藝術》中曾經引用了 16 世紀的一位

哲學家派拉西索斯（Paracelsus）一段話，其可以讓我們理解美狄亞對愛的窄化，同樣也可以說明伊阿宋對他人全心的付出，竟然可以棄之如敝屣，兩人皆是對於成熟的愛無知。派拉西索斯說：

> 一無所知的人，就一無所愛，
> 一事不做的人，就一事不懂，
> 一事不懂的人，就一無所值，
> 凡能懂得的人，就能夠去愛，
> 能夠關懷，能夠了解。……
> 對於一件事情越有所知，則其愛便越大，
> 認為一切果實都像草莓般同時成熟的人，
> 實在對於葡萄一無所知。[13]

我們對於愛常具有一種誤解，認為愛似乎就只是一種感覺，一種怦然心動感受。當兩個陌生的人偶遇之後，被一種感覺強烈地彼此深深吸引，這一刻是讓人感到最興奮的，如同上述《饗宴》裡所言，人渴望尋找自己的另一半，愛人們常認為怦然心動感受是愛的標誌，若是其退散了，愛也就不再了。佛洛姆說這樣的愛從本性上是無法持

---

[13] Fromm, E. (1956), *The Art of Loving*, New York: Harper & Row Publishers. 本段文字乃是 Fromm 於該書前言中轉引自 Paracelsus（本名 Philippus Aureolus Theophrastus Bombastus von Hohenheim 1493-1521）之言。

久的，當兩人愈來愈熟悉，神秘感與神奇性會逐漸喪失，當開始真實認識彼此之後，有失望，有厭倦，便慢慢扼殺了當初的興奮，戀人們將對於對方的瘋狂視為愛情的證明，然而，其實這只是痴狂地顯現著原先的孤獨。[14]

接下來，我們要問：美狄亞與伊阿宋之間的情感是「愛」嗎？還是某種的慾望？當然，愛裡絕對包含了慾望，但若只是單純地因著想要結合便稱之為愛，這般慾望的愛只像柴火的燃燒，情感若不能昇華到另一層次，便終究會讓他們走向毀滅。他們彼此間的情感雖起始於第一次在祭壇前相遇而彼此吸引，但之後美狄亞將自己當成伊阿宋的工具，幫助他掃蕩一切阻礙，而伊阿宋也只視她為一個手段，需要她的魔法來通過決鬥，美狄亞則視伊阿宋為滿足自己情慾的對象，兩人關係便從此在不覺之間定調下來。

前述曾從神話角度解釋了人渴求自身之另一半，以及被愛神之箭射中後便無可救藥愛上一個人。然而，當達成這一切之後才正是考驗的開始，此即雙方能否實現對彼此愛的義務。伊曼努爾‧康德（Immanuel Kant, 1724-1804）在《道德形而上學》中說明愛的義務有三種劃分[15]，以下將據以分析此則神話故事中美狄亞與伊阿宋之愛。

---

[14] Fromm, E. (1956), *The Art of Loving*, New York: Harper & Row Publishers, P. 4.

[15] 見 Kant, I. (1991), *The Metaphysics of Morals*, translated by M. Gregor, New York: Cambridge University Press, P. 246-251。

　　首先，愛是「行善的義務」，我們都知道要善待自己，讓自己身心靈感到健康愉悅。而對他人的行善，即是要以他人的幸福為樂，並且是要將此善意當作是目的自身。目的之意思就是最終（end），我對你行善不是因為希望你報答我；我行善於你，純粹地希望你幸福。你能幸福就是最終目的。康德認為這是一個普遍性法則，這是因為我們身處困境時總是需要他人提供援助。美狄亞多次幫助伊阿宋，從行為表面上看似乎是對伊阿宋行善，然而卻非真正行善，因為在美狄亞心中早已設定：你絕不能背叛我，當你若背叛我，我所採取方式就是讓你得不到所想要的來報復你。對他人的真正行善，其前提是必須並不期待別人之回報。伊阿宋同樣也沒有對美狄亞盡到行善義務，或許伊阿宋曾愛過美狄亞，卻因想要獲得未來權力而再次將愛做為手段，並因而選擇了傷害美狄亞，他們倆人可謂是都沒有為對方盡到行善的義務。

　　再者，美狄亞與伊阿宋在情感上並沒有看到對彼此「感激的義務」[16]，我們相信伊阿宋接受了美狄亞在重要時刻的幫助，其內心定然具有感謝之情，然而，他並沒有將此感謝之情轉化為對美狄亞人格之崇敬，若不能將感謝昇華至感激這一層次之轉化，當初的感謝在日後便會變質，而成為：當初全都是因為你愛我，所以你當然會這麼

---

[16]　見 Kant, I. (1991), *The Metaphysics of Morals*, translated by M. Gregor, New York: Cambridge University Press, P. 248。感激是由於一種向我們提供的善行而對一個人格的崇敬。

做。因此，當他想要背叛美狄亞時，遂完全地沒有任何愧疚之心。「感激的義務」必須是發自內心的道德命令，而非通過他人的請求，如此，「感激的義務」也才具備康德所說的是一種「神聖的義務」。在某種意義下，伊阿宋將已接受美狄亞的善行視為亟欲擺脫的負擔，或許在他心中潛藏著：受美狄亞幫助似乎就比她低了一個等級，而感到自尊心受損。伊阿宋應當如何採取一個較為正向的態度，來看待美狄亞為他所做的一切呢？當作為受人之施的被給予一方，若能以一種承擔的道德責任來回應對方所給出的愛，則這即是一種最小程度感激的義務。

最後，第三個愛的義務是「同情的感受完全是義務」。相信絕大多數人對於這則神話故事的評價，皆會認為伊阿宋忘恩負義，致使美狄亞由愛生恨，因妒忌之心而採取殘忍方式報復伊阿宋。這個版本在現代社會一點也不陌生，兩人曾經互許山盟海誓，然而，當一切改變之後卻皆視對方為仇人，進而要互相毀滅對方，所有情誼化為灰燼。當看著美狄亞與伊阿宋的愛情悲劇，我們能否以某種超然轉化此悲劇，進而將力量注入到自身生命裡？或許將來有一天，我們所愛的人狠心想要離開這段關係，當關係已經產生質變，此時若緊緊抓住自我痛苦並且痛恨對方，則此後情感與人生之路也就掉進深淵無以自拔。若我們願意，則其實還可以嘗試走另一條比較難走的路，這條超然之路－最難的愛之義務，也就是同情感受對方。如今伊阿宋既已做出了選擇，將另娶她人視為他的目標或是未來幸

福，對美狄亞而言，如此背叛誠屬難以原諒，我們不能要求她祝福伊阿宋，但若我們把自己當作美狄亞，還是可以選擇一條極其艱難之路來走，即同情感受伊阿宋，若是自己再也不能讓伊阿宋感到快樂，就寧願選擇放手讓他快樂。勇敢放手，畫下感情的句點，如此才是一條讓自己自由的唯一道路。

三、相互坦承，建立真愛

現在讓我來說說愛神的美德：
他最值得讚頌的美德，就是
他不會受到諸神和凡人傷害，
並且也不會傷害諸神和凡人。
愛神所能承受的任何東西都不需借助暴力，
暴力根本無法觸及愛神，
愛神也不需用暴力去激發愛情，
因為世人無法強求愛神，
只能自願侍奉愛神。我們知道：
雙方情投意合才是愛神國度的律法與正義。[17]

---

[17] Plato (1991), *The Dialogues of Plato, Volume 2: The Symposium*, translated by R. E. Allen, London: Yale University Press, 196b-196c.

↑圖 4-3　愛若斯與賽姬（Eros und Psyche）[18]

　　接下來，我們將以一則神話探討在愛情關係中的恐懼課題，以及當無意中傷害所愛之後如何勇於承擔過錯，此一則神話也正足以讓我們體察到：在關係中的「懷疑」乃是最具殺傷力的，其足以摧毀一切愛情。

　　此則愛情神話是取自阿普留斯著作《阿普留斯變形記：金驢傳奇》當中的「邱比特與賽姬」，藉由此故事而讓我們對愛的課題獲得上述所言體認。

　　有一個國王與皇后生了三個美麗女兒，小女兒賽姬尤其更是格外出眾，她的美貌堪稱世間絕無僅有，人類的語

---

[18] 德國雕塑家 Reinhold Begas（1831-1911）的作品，約 1855 年創作，收藏於德國舊國家畫廊。此處的愛若斯在希臘神話中乃是愛欲之神，其母親是愛與美之女神阿弗蘿黛蒂。在阿普留斯著作中乃是敘述此故事之羅馬神話版本，愛若斯改叫邱比特，而其母阿弗蘿黛蒂改叫維納斯。

言都無法形容她的美，甚至有人宣稱她是維納斯化身為凡人，也有人說：又新誕生了一個愛的女神。於是，賽姬的美傳遍各地，大家都想來一睹美貌。因此而人們逐漸忘記了維納斯，其神殿不再舉辦祭祀，亦沒有人打掃環境，連神壇上擺放著的都已是陳年供品，維納斯女神之尊榮竟然就被這樣一個凡間女子給搶走了。

維納斯實無法忍受這般屈辱，她想著：「世人對我的崇拜，以及我在金蘋果之爭中所獲得最美女神稱號，可不能就這樣輕易地被一個小女子奪走，我不能讓她篡奪我的榮耀，我決定讓她後悔自己的容貌。」於是，維納斯找了她的兒子邱比特，要他想方設法讓賽姬愛上一個世界上最卑賤的人。

邱比特接下這個任務，但沒想到愛神邱比特一看到賽姬，就如同被自己的箭射中一樣著迷了，但邱比特並未告訴維納斯，維納斯相信邱比特很快就會把賽姬給毀了。接著，遠不如賽姬美麗的兩位姊姊都被其他國王求婚娶走了，唯獨剩賽姬一人未婚，許多國王與王子都不遠千里而來一睹賽姬風采，但是卻就在見到賽姬的美之後，都只有讚嘆而沒敢求愛，便告辭離去。

可憐的賽姬父親只好來到阿波羅神殿請求神諭，希望能幫小女兒找到夫婿，結果得到的神諭是：

嵯峨巉巖上，處女死婚所，
不取人間婚，惡魔入卿幕，

> 手執劍與火，邪力御斯鄉，
> 天神莫奈何，黃泉是賴仗。[19]

國王帶著神諭回來，與皇后商量該如何面對這個不祥神諭，然而，神諭必須遵守，於是，只好告訴賽姬她的命運。賽姬認定是她的美貌得罪於眾神而遭受如此詛咒，告訴雙親：「我願意遵從神諭，送我上石山吧！我願意嫁給我命定的丈夫。」當來到婚禮這一天，國王還是按照神諭將賽姬打扮起來並送至石山頂上，賽姬勇敢地獨自面對不可知的命運。在高聳山頂上，賽姬默默掉淚，一陣輕柔的風朝她吹來，那是西風之神澤費魯斯（Zephyrus）吹起世上最甜蜜溫柔的風，賽姬感覺被那陣風給托起，飄離了石頭山頂，後來西風將她放在一張柔軟並且鋪滿了鮮花的床上，此時的賽姬充滿睡意，很快便就睡著了。

醒來時，她發現自己處身所在：由黃金柱子支撐著象牙嵌入的天花板，滿屋華麗堂皇如同宮殿，她隨意走到任何房間，到處都充滿著奇珍異寶。後來，有人出現了，告訴賽姬：「我們是妳的僕人，請儘管吩咐。」賽姬愉快地洗了個澡，吃了豐盛美味一餐，一整天她都是一個人。到了半夜，賽姬感覺身旁有低語聲音，她感覺這個聲音就是她的丈夫，一點也不感到恐懼，他把她抱進懷裡，使她成

---

[19] Apuleius, L.（1998），《阿普留斯變形記：金驢傳奇》（*Metamorphoses: The Golden Ass*），張時譯，台北：臺灣商務印書館，頁 69。

為他的妻子。天亮時，他便匆匆離去。賽姬不必看到丈夫，她知道他不是怪物，而是她長久等待的情人。但她只能以聽覺與觸覺感受此「半」侶，這雖無法滿足她，但她感到快樂。

有一夜，賽姬的丈夫警告她即將有危險發生，妳的兩位姊姊將來到妳失蹤的山頂尋找，看是否能找到妳的蹤跡。即使妳聽見她們哭泣，也絕不能讓她們看到妳，也不可與她們碰面，因為這樣將會給我帶來巨大憂傷，並且也會給妳帶來毀滅。賽姬難過了許久，覺得自己只像是這宮殿的犯人般，當晚她的丈夫讓步了，讓賽姬想做什麼就做什麼吧，但她的丈夫仍然再次警告她：「請勿聽信他人，也不要試圖看我的長相。」妳的兩位姊姊一定會要求妳看我的長相，如果妳聽從她們的話，遵從好奇心驅使，便是幸福的終結。並且，妳一旦發現應該早日聽我的的話時，便為時已晚。賽姬說：「我不知道你是誰，但我愛你勝過我自己的靈魂，我絕不願意失去你。但請讓西風將我的姊姊接到這裡來吧！」在賽姬懇求下，她的丈夫終於屈服了。

賽姬的姊姊來了，西風將兩位姊姊從山頂帶到賽姬的宮殿，三姊妹見面開心不已，賽姬的榮華富貴生活引起了姊姊的忌妒與好奇，她們心想著：這一切究竟打哪來？賽姬丈夫究竟長得如何？兩位姊姊不斷追問賽姬，賽姬不願意違背對丈夫的承諾，只好說謊告訴姊姊：她的丈夫是個年輕人，出門打獵去了。離別時，她送給姊姊們滿手珠寶與黃金，請西風將兩人送回山頂，在回去的路上，兩位姊

姊內心充滿了忌妒－為何賽姬能有如許眾多財富與富麗堂皇宮殿？乃開始共謀不能讓賽姬擁有的一切勝過她們。

　　晚上，賽姬的丈夫提醒賽姬別讓姊姊們再來了，賽姬說：「我已經無法看見你的容貌，連自己姊姊也不能見嗎？」賽姬溫柔的請求讓邱比特無法拒絕，只好讓步。兩個姊姊很快就再來造訪，賽姬熱情款待兩位姊姊，賽姬忘了上次告訴姊姊說丈夫是位年輕人，這次謊說她的丈夫是位中年人，是個商人，出去做生意了。於是，兩個姊姊更確定賽姬一定有事相瞞。總之，她們決定要毀了賽姬，奪走她的一切。於是，姊姊們告訴賽姬：「妳將有大難來臨，當初阿波羅神諭說妳將嫁給一個怪獸，那怪獸就是一條大蛇，血盆大口，身體可以把妳環繞好幾圈，他雖現在對妳好，但很快地他就會把妳吃掉，妳都不知道妳每天晚上都是和一條毒蛇在一起，我們是妳親愛的姊姊，一定會想辦法救妳。」

　　賽姬聽了，對丈夫的愛頓時消失殆盡而只感到恐懼，對於她的丈夫，她一無所知，從未在白天看過他，只能在夜晚黑暗中相處，賽姬求助於姊姊想辦法。於是，姊姊們要賽姬當晚在床邊先藏好一把利刃，再準備一盞油燈，當晚上妖怪來時，聽他的氣息聲等他熟睡，起床點了燈必將看見怪物，就立刻拿起刀子殺死他，等怪物死後我們就來接妳離開。

　　當晚，等丈夫熟睡後，賽姬鼓起勇氣，高舉油燈，看看躺在床上的是什麼怪物，結果……，那是天下最美、最

甜蜜的一張臉。就在賽姬高舉油燈，為丈夫的美感到心醉神迷時候，好幾滴油不小心滴到邱比特肩上，邱比特嚇醒了，當他看見油燈，憤怒地一言不發飛走了。賽姬追到門外，看不見邱比特，只聽得到他的聲音，邱比特告訴賽姬：「**愛神無法在懷疑裡生活。**」「我的丈夫竟然是愛神，愚蠢的我竟然不相信他，他永遠離開我了嗎？我願意用一生時間來尋找他，如果他已不愛我，至少我仍可以向他證明我有多愛他。」賽姬說。

賽姬展開旅程，她四處尋找，永遠都不放棄。愛神回去找她的母親照顧他的傷，維納斯聽到自己兒子愛上賽姬，非常氣憤，獨自留下邱比特，決定找賽姬算帳，讓她知道惹惱女神的後果。眾神都不願幫助賽姬，因為不想得罪維納斯，賽姬決定找維納斯，願意當她的僕人，希望藉此平息女神的憤怒。維納斯給了賽姬一個工作，就是要賽姬今晚就得將一袋混有小麥、罌粟、小米等種子分揀好，結果，一群螞蟻爬來幫忙賽姬，分工合作幫她完成了任務，維納斯看到完成的景象只是更加生氣。

維納斯又想了個主意，給了賽姬一塊乾麵包，讓她吃不飽，這樣她的美貌就會消失不見。接著，又給賽姬另一項任務，要她到河邊取一些金毛羊的羊毛回來，賽姬來到河邊，看到輕柔流動的河水，很想跳入河中，從此了結痛苦和絕望。一根蘆葦告訴她不必這麼做，告訴賽姬可以等到金毛羊進入灌木叢後，就會留下許多金羊毛了，賽姬又完成了這項任務，帶回金羊毛給維納斯。

　　維納斯又給了賽姬一個任務，要她到黑水瀑布，將長頸瓶裝滿，這是一項最艱難的任務，因為，瀑布四周都是高聳岩石，長滿了青苔，除非她長了翅膀，否則難以接近瀑布。結果這次是一隻老鷹來幫她完成了任務。維納斯繼續要賽姬再做另外一件事，給她一個盒子，要她到冥界去找波瑟芬妮（Persephone）裝一些美麗的秘方，到了冥界處給了卡戎（Charon）一枚硬幣，順利到達冥宮，波瑟芬妮也樂意幫忙賽姬。當賽姬回到陽間時候，忍不住好奇與虛榮心，也想要看看盒子裡美麗的秘方，「如果能更美麗不是更好嗎？」打開盒子後竟什麼也沒有，但只覺得一陣倦怠便睡著了。

　　此時，邱比特已復原而很想念賽姬，並且比以前更深愛她，他找到了賽姬，將睡意放回盒子裡，輕輕地喚醒賽姬並告訴她：「做完我母親交代妳做的事後，一切由我照應。」邱比特飛到天庭，請求宙斯及眾神幫忙，當然也包括他的母親維納斯，請他們別再為難賽姬。宙斯對維納斯說：「妳毫無理由悲傷，或覺得妳兒子的婚姻是一種羞辱，我覺得他們彼此相愛，就該成全他們，我宣布邱比特與賽姬正式結婚的消

↑圖 4-4　邱比特吻醒賽姬[20]

---

[20] Antonio Canova（1757- 1822）作品。收藏於巴黎羅浮宮。

息。」宙斯找了信使荷米斯（Hermes）護送賽姬來到天庭，端了杯神酒給賽姬喝下，於是，賽姬變成神，而有了不朽生命，並與邱比特生下了一個女兒，名叫「喜悅」。

　　以上愛情神話，讓人看到兩人是在關係的考驗中學習，然後其情感始得昇華而以喜劇收場。我們看到了情感中的恐懼課題，賽姬認定自己的美遭到妒忌而換來可怕命運，她遵從了神諭，看似無奈地接受命運安排。然而，我們仍可以看待那是她對自身的一種決定，在某種意義上，她是勇敢地選擇踏上較艱難的道路。因為若當她不願接受可怕的神諭，她與父母也可想出躲避之道，但她與父母皆相信生命中總有某種無法理解的力量在運作，不以個人微薄力量去抗衡命運。在諸多神話故事裡可以看出，人在命運之前雖然渺小，但也可看到人還是有選擇的，人或是選擇順服命運，或是奮力抵抗命運安排，在神話的意蘊之下，或許連奮力抵抗命運都是早已寫好的安排，但就是我們創造了自己的故事。

　　當賽姬勇敢走向一無所知的未來時，也正就是她趨向幸福的開始。然而，對一個凡人女子而言，一切華麗生活和只有晚上才出現的溫暖陪伴丈夫，與本來預期將是悲慘生活相比，實在差距太大、太不真實了。這般心理落差，給了賽姬兩位姊姊趁虛而入機會，而利用了親情讓賽姬相信她們絕不會害她。此時，對自己所擁有的一切現實美好生活，與已有愛慕之情卻從未謀面的丈夫如此之虛幻感，相較之下，遂使得姊姊們的煽動像迷魂毒藥一樣讓人聽從

順服。於是，賽姬內心充塞著滿滿恐懼。恐懼乃是愛的相反，於是，恐懼挾持了賽姬，即使她的愛人已經忠告她兩次，她依舊選擇相信兩位姊姊，任由恐懼操控自己，做出讓自己後悔不已的事，亦即是想要殺了愛自己與自己所愛的人。由此，我們可以看到在關係裡，「恐懼」與「懷疑」是多麼可怕的利器而足以毀滅一切。

此時，讀者可能會問：為何邱比特不讓賽姬看見他自己呢？邱比特為何不肯現身？若從現代對感情的理解來猜測，邱比特不願賽姬愛上他的僅只因為他俊美的外表，而是希望能以心靈相契合後來達到兩人彼此相愛，或許，這就是愛神對愛的表達方式，邱比特希望賽姬愛他的乃是愛其心靈而非形體。這是神與人最大差別，凡人無法忍受與無所見、亦看不到真實存在者相愛之純然心靈交流，這也就是神話之美。在神話故事裡，我們感受到有著某種不可操控力量在決定著人事物，然而當然也可以理性邏輯角度來批判神話，以提問方式來探索神話的不同面相，例如，從當今心理學的角度探索賽姬之成長，因而給出當代女性自我覺察的課題。[21]

---

[21] 可參 Neumann, E.（2004），《邱比特與賽姬：女性心靈的發展》(*Amor und Psyche: ein Beitrag zur seelischen Entwicklung des Weiblichen*)，呂健忠譯，新北：左岸文化。希臘神話中的愛欲之神愛若斯（Eros）在羅馬神話故事版本中，有時會區分為愛神阿慕（Amor）與欲神邱比特（Cupid），但基本上仍是同一神話人物，而只是在象徵意義上各有側重強調。一般並不對此做嚴謹區分。

　　接下來，我們來看賽姬闖下大禍後，要如何彌補自己犯下的錯誤，以及如何修補受懷疑所破壞的情感；若是關係無法挽回，又該如何自處？當賽姬受姊姊蠱惑，在邱比特熟睡時，原以為是要殺死怪獸那一刻，然而卻在油燈下見到一個真實軀體，那並非凡人軀體，在床上躺著的乃是俊美的愛神邱比特。

　　　　賽姬驚詫如狂，她無法控制自己，死樣地蒼白、發抖地跪下，她絕望地要將刀鋒刺進胸膛以遮起武器。……等她看見邱比特神聖之美時心中已感到好了些：他的金色頭髮，還染有洗過的神酒之香，白頸紅頰和頭兩邊垂著重重捲髮，頭髮的光亮輝映著燈火。他肩上長著純白柔軟翅膀，雖正熟睡，但羽毛仍頑皮地微微搖動。他身體的其他部分光滑美麗，維納斯也因他是自己兒子而感到驕傲。床腳下放著偉大神奇的弓箭和箭筒。[22]

　　可想而知，賽姬有多麼悔恨自己的行為。然而，一切已無法挽回，愛神感受到被背叛也會拂袖而去。邱比特無法接受自己所愛的女人竟把自己當成妖怪，心中憤怒而轉

22　Apuleius, L.（1998），《阿普留斯變形記：金驢傳奇》（*Metamorphoses: The Golden Ass*），張時譯，台北：臺灣商務印書館，頁82。

拋下一句冷冷的話：「我將從妳身邊飛去。」[23]賽姬當下絕
望地唯以死來結束生命。幸好，牧神潘（Pan）勸賽姬別用
愚蠢自殺做為代價，「邱比特是神界被寵壞的青年，妳要對
他袒露妳的真心，唯有付出決心與行動，來承擔自己的所
犯下錯誤，真心祈求邱比特的原諒。」魯易斯（C. S. Lewis,
1898-1963）說：

> 愛情的標誌就是願與愛人共享不幸；而愛情的
> 危險也正寓伏在其崇高之中。它可以昇華一切行
> 為，讓身在其中者勇敢去做原本不敢做的事。[24]

賽姬真心懺悔自己所犯下過錯，日夜四處尋找邱比
特，雖然知道他一定是憤怒難平，但她願意用愛懇求他平
息怒火，她懷著愛與希望，接受維納斯設下的種種為難，
維納斯找上了「焦急」與「悲傷」來折磨賽姬。在過程
中，賽姬也有放棄的念頭甚至絕望的時刻，顯現人類脆弱
的一面；甚而，在到冥宮找到波瑟芬妮後，忍不住人類的
好奇與虛榮，打開了不是讓自己美麗而是充滿睡意的盒
子。就在歷經諸多磨難之後，此時，邱比特亦深知自己還
是深愛著賽姬，於是回頭幫助賽姬，兩人甜蜜復合。這裡

---

[23] Apuleius, L.（1998），《阿普留斯變形記：金驢傳奇》
（*Metamorphoses: The Golden Ass*），張時譯，台北：臺灣商
務印書館，頁 83。

[24] Lewis, C .S. (1960), *The Four Loves*, New York: Harcourt, P. 150-157.

值得思考一個問題：是因賽姬的付出而感動了邱比特嗎？其實不然，我們看到的是，賽姬後悔自己對深愛自己的丈夫有所懷疑，因而願意盡一切努力與忍所有折磨來喚回失去的愛，然而，若邱比特無法原諒賽姬，無論賽姬再如何努力也都徒然無功。我們應該從這個角度體察：在我們真實生活中，也會做出無意卻傷害感情的事，然而當盡一切努力後，若仍挽回不了，就讓一段關係徹底結束，放手讓愛離去，也學著原諒自己。邱比特並非是因賽姬所受折磨而回頭的，而是真心愛賽姬因而願意幫助她脫困，而使兩人關係進入坦然迎向對方的真誠關係。這是此愛情神話故事為我們標註的路標。

　　在這章結尾，我想引用阿爾伯特・愛因斯坦（Albert Einstein, 1879-1955）這位偉大科學家給他女兒 Lieserl 的一封信[25]，其中描述「愛」是世界上最奇妙的一種能量，足以讓我們克服一切，愛像光一樣，照亮給予與接受的人；愛如同引力般，使得人們彼此相吸；愛也是一種力量，能讓我們將所擁有東西變得更加美好。生命是奇妙的，若沒有愛，我們將無法探索心靈深處，無法與人締結關係，我們永遠在愛裡成長與學習，而認識更完整的自己。

---

[25] 此信件是否真實出自愛因斯坦仍有爭議待釐清。但以詮釋學觀點，任何文本總是可從作者、文本自身、讀者三個構成維度加以詮解，本書以讀者中心決定採納此文本做為幫助我們對愛的體察。

第五章

|做一個英勇無畏的生命探險家|

體認存在最值成果和獲享至豐寶藏，

其奧秘都是活在危險經歷上。

將你們的城市建築在維蘇威火山上，

駕你的船駛入浩瀚待探汪洋！

活在與你的對手頡頏甚至自我對抗！

就趁尚未自我統御自作主王，

就要渴知掠取成為征服雄強。

若裹足不前像膽怯小鹿在森林躲藏，

彈指而過將是你的生命時光。

尼采（Friedrich Nietzsche）[1]

　　2017 年 AlphaZero 從零開始學習西洋棋，經過四個小時的自我訓練，即打敗另一西洋棋程式 Stockfish，全世界人乃開始普遍認知到人工智慧 AI（Artificial Intelligence）將取代社會中的許多工作。現在所學的知識在未來五年

---

[1] Nietzsche, F. (1887), *Die fröhliche Wissenschaft*, Leipzig: Verlag von E. W. Fritzsch, § 283.

內，有很多是會被淘汰掉的。在如此快速變遷 21 世紀科技時代，科技為生活帶來了便利性；在學習上提供了更多元、更快速、更便利取得的資源，在工作上取代人力（金融服務、醫療服務、自動駕駛、服務機器人、無人商店自助結帳、自助入住飯店等等）。人類的生活物質水平來到了前所未有之時代，然而心靈空虛的感受亦無以復加：不斷追逐物質環境的更新滿足，所學習的知識被快速取代，人的工作能力可以被人工智慧超越與取代。生活在這個世代，我們必須轉換過去追求穩定的思維，而勇敢迎向一切不確定的時代。在這劇烈變動時代，個人似乎可以很微不足道，卻也可比以前更容易放大個人才能。知識之取得已不再是難事，反而是個人當如何轉換知識，而成為個人的獨特創意設計，藉由敘說個己故事或融會同理他人經歷，而啟發個人生命與工作的意義。

　　現實的大環境似乎正冷酷地考驗著每一個人，但卻也給了每個人無限可能機會以實現與探索自身。此時代不只是資訊科技時代，同時也是一個感性的時代，人工智能雖然在速度、精準度以及遠距度超越人類，卻唯獨缺乏人類所特有的溫度，這個溫度即是現代人在內心與靈性層面渴望探尋的人生意義問題，其只是被繁雜渲染、快速變遷的社會環境所遮蔽。人渴求而追問人生意義問題乃是亙古不變的：例如，我是誰？為何我的人生總是充滿艱難險阻？為何我在人際關係或親密情感相處上總是遭遇種種課題？人的天性喜歡聽故事，人也想要為自己創造故事，科技無

法替這些人生道路上的課題提供方案。

　　神話其實就是人類訴說自身的故事，在敘事過程裡，讓我們從故事情境中看到自身生命的處境，神話人物在處境中做出抉擇，即使背後可能總是被神所操控。例如第三章希臘神話裡兩位大名鼎鼎的阿基里斯與奧德賽，或是其他著名的英雄如：海克力士（Hercules）、忒修斯（Theseus）及奧菲斯（Orpheus）等，當我們看到英雄勇敢做出決定與承擔後果，此情感力量乃遂注入閱聽神話故事的人們靈魂裡，而喚醒我們心中沉睡的內在英雄，於是亦決定踏上冒險旅程，迎向個人真實生活種種挑戰，千年前的神話故事穿越時空到現今世紀，卻是一點都不違和。

　　其次，在人生道路上，神話故事也於情感上指引出了路標，在愛情神話故事裡，人們感同身受地經驗神話人物的奔放情感，如同在柏拉圖《饗宴》裡描述的：現今每個人原來實都是被劈成兩半的人，熱切地尋求著自己另一半。當情感路上癡迷地戀上對方時，且想想愛可與納西瑟斯故事吧。當愛人變心，想想伊阿宋與美狄亞故事，讓我們看到一條生路，放手失去的愛而能讓彼此自由。與戀人相處時，「懷疑」乃是情感的毒藥，想想邱比特與賽姬故事，兩人相愛必須建立在相互坦誠基礎上。

　　現代工作性質已不同於上世紀的工業化與技術性，但無論你現在是學生，或是出社會而從事為工程師、設計師、創業者、教師、藝術家、廚師、運動員、或時下新潮的 youtuber 等各種工作，人的尊嚴並不會因為時代改變而

有所不同，文藝復興時期一位哲學家米蘭多拉（Giovanni Pico della Mirandola, 1463-1494）曾經揣摩神主造人當時之情境，他在《論人之尊嚴》中說到神在創造人，神可能是這樣思考的：既已創造萬有之後，再也沒有足以更大的、更特別的、或是更特殊之處來贈與新造之人，於是取每一生靈其各自分殊存在特徵之總和，而加諸在人身上，人初受造時乃是如此形象面目皆未定，神將人放在世界中心，然後對他言道如是：

> 亞當　我創造了你此生如是─
> 既沒有給你　配上既定面貌，
> 也沒有給你　屬己特定稟賦，
> 其目的就是　為了讓你能夠：
> 先事而思考　與臨事而抉擇。
> 無論你願想　居何處成何形，
> 全由你自己　意志判斷決定，
> 都能夠得到　擁有該項禮贈。
> 凡所造萬物　皆依各自定律，
> 惟你不受限　總能有所選擇，
> 依自由意志　因而決定存在，
> 且盡己本性　從而成就自我。
> 我將你安置　放在世界中心，
> 好讓你隨願　遍觀一切方向：
> 非如地卑下　亦非如天崇高，

> 非轉瞬即逝　亦非不朽永恆。
> 我如是造你　就為讓你自當，
> 順自己志願　尊崇自我光榮，
> 這獨特傑作　靠己大師塑形，
> 用自身好料　就讓自己成材。
> 你有權沉淪　向下為獸為禽，
> 也總能提升　向上成聖成神。[2]

　　由上文可看出，人可以平凡，也可以超越，人與生俱來能夠自由選擇成為什麼樣的人，即使身處現在的人同樣可自我創造。每一個人心中都需要神話故事，因為在神話故事裡有著千年人類精神文化之瑰寶，裡頭有著豐富情節與奇幻經歷，提供源源不絕的靈感，同時也可以做為人生路標指引，讓我們看見自己的限制與平凡。然而，有限身軀也渴求不朽神聖，看見人的尊嚴總在自我之感性與理性，因而也可以因此成就人自身之偉大，且在人生道路上遇到險阻時，在我們的靈魂深處湧現出冒險勇氣以克服困難。我們將不再只是在電玩世界裡打怪闖關，而是能夠行走真實的人生道路，在精神行囊裡裝著幾個深深打動我們的神話故事，陪伴我們勇闖人生，我們也可以創造一個屬於自己的神話故事。

---

[2] Mirandola, G. P. D. (1956), *Oration on the Dignity of Man*, (De hominis dignitate, 1486), translated by A. R. Caponigri, Chicago: Henry Regnery Company, P. 7-8.

參考文獻

專書

Apuleius, L.（998），《阿普留斯變形記：金驢傳奇》（*Metamorphoses: The Golden Ass*），張時譯，台北：臺灣商務印書館。

Naso, P. O.（1998），《變形記》（*Metamorphoseon*），呂健忠譯，台北：書林。

Neumann, E.（2004），《邱比特與賽姬：女性心靈的發展》（*Amor und Psyche: ein Beitrag zur seelischen Entwicklung des weiblichen*），呂健忠譯，新北：左岸文化。

Pearson, C. S.（2021），《內在英雄》（*The Hero Within*），徐慎恕、朱侃如、龔卓軍譯，台北：立緒。

Tarnas, R.（1995），《西方心靈的激情》（*The Passion of the Western Mind*），王又如譯，台北：正中。

Coelho, P.（1997），《牧羊少年奇幻之旅》（*El Alquimista*），周惠玲譯，台北：時報。

王任光（2002），《文藝復興時代》，台北：稻香。

蔣勳（2011），《此生－肉身覺醒》，台北：有鹿文化。

關永中（2007），《神話與時間》，台北：台灣學生。

Barthes, R. (1972), *Mythologies*, translated by Jonathan Cape Ltd., New York: The Noonday Press

Burkhardt, J. (1860), *The Civilization of the Renaissance in Italy*, translated by S. G. C. Middlemore, London: Penguin Books

Campbell, J. (2004), *The Hero with a Thousand Faces*, Princeton: Princeton University Press

Cassirer, E., Kristeller, P. O., and Randall, Jr., J. H. (1954), *The Renaissance Philosophy of Man*, Chicago: The University of Chicago Press

Ferguson, K. W. (2008), *The Renaissance,* Kessinger Publishing.

Fisher, R. (1990), *The Knight in Rusty Armor*, California: Wilshire Book Company.

Fitzgerald, F. S. (1925), *The Great Gatsby*, Charles Scribner's Sons.

Freud, S. (1913), *The Interpretation of Dreams*, New York: Macmillan.

Fromm, E. (1956), *The Art of Loving*, New York: Harper & Row Publishers.

Hamilton, E. (1930), *The Greek Way*, New York: W. W. Norton & Company.

Hamilton, E. (1953), *Mytholody*, Calcutta: Vidyodaya Library Private Limited.

Heidegger, M. (2001), *Sein und Zeit*, Tübingen: Max Niemeyer

Verlag.

Hesiod (2006), *Theogony: Works and Days,* translated by C. M. Schlegel & H. Weinfield, Ann Arbor: The University of Michigan Press.

Homer, (2011), *The Iliad,* London: Harper Collins Publisher.

Homer, (2011), *The Odyssey*, London: Harper Collins Publisher.

Johnson, P. (2002), *The Renaissance: A Short History*, New York: The Modern Library.

Jung, C. G. (1921), *Psychologishe Typen*, Zürich: Rascher & CIE Verlag.

Jung, C. G. (1962), *Memories, Dreams, Reflections*, New York: Vintage Books.

Lewis, C.S. (1960), *The Four Loves*, New York: Harcourt.

Longfellow, H. W. (1861), *Longfellow Poetical Works*, London: Routledge, Warne, & Routledge.

Kant, I. (1991), *The Metaphysics of Morals*, translated by M. Gregor, New York: Cambridge University Press.

May, R. (1991), *The Cry for Myth*, New York: Dell Publishing.

Michelet, J. (1876), *Histoire de France*, Paris: LIBRAIRIE INTERNATIONALE A. LACROIX & Cie, ÉDITEURS.

Mirandola, G. P. D. (1956), *Oration on the Dignity of Man*, (De hominis dignitate, 1486), translated by A. R. Caponigri, Chicago: Henry Regnery Company.

Nietzsche, F. (1878), *Die Geburt der Tragödie*, Leipzig:

Verlag von E. W. Fritzsch.

Nietzsche, F. (1886), *Menschliches, Allzumenschliches – Ein Buch für freie Geister*, Leipzig: Verlag von E. W. Fritzsch.

Nietzsche, F. (1887), Die fröhliche Wissenschaft, Leipzig: Verlag von E. W. Fritzsch.

Plato, (1899), *The Dialogues of Plato,* translated by B. Jowett, London: Oxford University Press.

Plato (1991), *The Dialogues of Plato, Volume 2: The Symposium*, translated by R. E. Allen, London: Yale University Press.

Ricoeur, P. (1986), *The Symbolism of Evil*, Boston: Beacon Press.

Swaddling, J. (1999), *The Ancient Olympic Games*, British Museum Press.

Young, D. C. (2004), *A Brief History of the Olympic Games*, Oxford: Blackwell Publishing Ltd.

電影

Percy Jackson and the Lightning Thief (2010), 20th Century Fox.

Troy (2004), Shepperton Studios.